塵世中的覺悟之地

管峻題

称多大地

喻帆　墨小行　著

尘世中的觉悟之地

陕西新华出版传媒集团
陕西人民出版社

谨以此书献给：

我心中的圣地——嘎朵觉吾神山

三江源头的称多大地和生活在此的康巴藏族同胞

以及我两个年幼的儿子——言言和信信

喻帆

上善若水的称多大地是柔性和包容的，水映衬了山的壮丽奇美，
山也赋予了水的含情脉脉

世世代代生活在拉布乡郭吾村的人们，用乐观豁达的性格和勤劳的双手，
把自然融入生活，沉淀出不朽的藏地文明

彩色的经幡，犹如一道道灵动的音符，奏响着格萨尔王的凯歌，
谱出了康巴人的豪迈不羁

直到我与格秀经堂相遇，在沧桑斑斓的壁画里与佛的目光相遇，
刹那间我明白了阳刚的康巴人慈悲的选择

格萨尔王的灵魂并没有消失，他延续在每一个康巴藏人的心中，
舞蹈便是人们对大自然和神灵最为崇高的敬意

石头、经文、雕刻、绘画，称多的文化被定格在玛尼堆中，
历史的车轮改变不了它们的意志，反而愈加历久弥新

转山、转水、转佛塔，称多人转的不仅仅是信仰，
更是心灵的洗涤与升华

挥洒糌粑，纵情狂欢，散落一身的尽是满满的祝福，
也为这片土地染上了神圣洁白的色彩

他们的舞蹈可以聆听，歌声可以闻到芳香，源于生活而始于本心，
这是称多最美的艺术样本

序

原生态的力量

余秋雨

什么是原生态文化，这是一个起点性的问题，许多人误以为原生态文化是一种边缘文化，适当关注即可。其实，原生态文化是当代高层文化对整个文化结构轻重比例进行重大调整的结果，是当代智者的一个非常重要的选择。

原生态文化已成为中国文化的生命线，所有的文化学者都不应该用居高临下的态度看待原生态，这是我们现在最优秀的文化母本，是我们重新开始学习当代文化的教科书。也许它还有些问题，但暂时还找不到其他更好的文化母本来告诉人们：人类文化真正的走向在哪里。

在发展中如何固守自己的差别？我的观念是，差别有可能走向和谐、协调，我们对待差别不仅是承认和包容，而且要用非常喜欢的态度对待差别。当然，我们在讨论差别时，又会遇到第三个问题——环保，环保成为一个重大的文化命题出现在我们的面前，这牵涉到人和自然的关系，是一个文化问题，因为它牵涉人类的生存和责任，我们要主动担负这个责任，这就成了文化。

以上的每个问题都联系到原生态，我们整个中国都要发展，任何地区都要发展，在发展过程中，我们要让世界承认中华民族的独特性，国内也要承认各个民族文化的独特性，承认各个地域文化的独特性。我们是一个非常丰富的多元载体，应该主动呼唤一个丰富多元的世界，我们追求多元，让各种文化滋生在健康独特的环境中不受破坏，这就是原生态。

原生态文化体现了文化自然生长的尊严，体现了文化时空的真实关系，是其他一切文化的根脉所在、基因所在。在今天，他更以质朴的形态，维系着创造的原始性、生动性和无限性。真正的文化遗产是一种安静的自在，他是有关我们祖先生活方式的证据，也体现了彼时彼地的某种精神价值。

为此，我们有理由将崇敬与探询的目光投向三江之源，投向三江之源的称多大地。

2018 年 7 月

Preface

The Power of Indigenous-Culture

Yuqiuyu

What is indigenous-culture? This is the question to start all discussions. Many people mistakenly believe that indigenous-culture is a kind of marginalized culture which is worth minimum attention. In fact, indigenous-culture is the result of major adjustments led by contemporary top-level culture in the proportion of the overall cultural structure. Indigenous-culture is a critical choice for the wise ones of our time.

Indigenous-culture has become the lifeline of Chinese culture. All cultural scholars should not look at the indigenous-culture with a condescending attitude. It is the cultural origin of our present as well as the textbook for us to review the contemporary culture. It may not have the perfect form, but for the time being, there are no other better cultural origins to tell us to where human culture actually goes?

How to keep your distinctiveness in a changing world? In my opinion, distinctiveness can lead to harmony and coordination. We shall treat distinctiveness not only with recognition and tolerance, but also with a heart of appreciation. Of course, when we discuss the distinctiveness, we will normally encounter another issue on the environmental protection.

Environmental protection becomes a major cultural proposition. It involves the relationship between man and nature. It is also a cultural issue because it involves human survival and responsibility, a responsibility we shall fully take.

All issues above are related to indigenous-culture. China needs to develop, same for all the regions within. In the process of development, the world needs to recognize the uniqueness of the Chinese, and we ourselves shall recognize the uniqueness of the ethnic cultures as well as the local cultures. As a carrier for richness and diversity, people should actively call for an even more diversified world. We go after diversity, and we let different cultures breed in a healthy way in its unique environment without interference. That is how we treat indigenous-culture.

Iindigenous-culture is the manifestation of the culture which enjoys the dignity of natural growth, it shows the true relationship of culture and time, and it is the root of all other cultures. Today, it maintains the originality, vividness and infinity of creation in a simple form. The true cultural heritage is an existence with peace and freedom; it is an evidence of the way how our ancestors lived, and also indicates some spiritual value of a time and a place.

To this end, we have every reason to cast the eyes of reverence and inquiry to the source of the Three Rivers, and to the land of Chengduo – the origin of the Three Rivers.

July 2018

目录

目录

回忆

多日以后，当我冬日在温暖湿润的海南岛一个宁静的小镇面对满园怒放的三角梅，听着滴答滴答的雨声的时候，在我的一双幼儿言言和信信纯真的嬉笑声中，我总会不由自主地抬头瞭望西北，仿佛我的视线能穿越眼前摇曳的椰子林，看到嘉塘草原上奔跑的牛羊，看到嘎朵觉吾神山下飞舞的经幡，看到多情莏眸的深情回望。我知道，我在思念一个地方，一个叫称多的地方，一个对于大多数人来说还比较陌生的地方。

我一直相信，我的血脉里有着藏人的基因，不然，很难解释我和藏地的种种奇缘。只有到了那里，我才如同在子宫中发育的孩子般安静如初，怡然地享受母体供给的一切养分。有人说生活是那么的强大，时常在悲伤的生活里剪辑出欢乐来。我却以为向死而生，能战胜日常生活的平庸，在世俗的庸常单调的日子里有着精神的恒定，快乐才有其价值；这恰恰是藏地的力量、藏人的智慧。当然，理解并接受这一切需要的是时间的打磨，而不像常年生活在这个世界上自然条件最为艰苦的世界第三极的藏人，已经成为本能。

天堂在许多常人眼里或许只是一个抽象的概念，然而称多是如此自然地将其具象化，如同我们惊讶于藏人转山的不平凡，对于生活在藏地的藏人来说不过如同回家。

称多，就是这样毫无防备地走入我的梦中、我的心上。白天，她在遥远的通天河畔，夜里就在我的枕边、我的身旁。我已习惯于与她的厮守，如同情人般，更准确地说就是爱人一样。称多，她深居简出，却完美至极，没有了对她的呼唤，我不知道我心中的莲花是否还会开放。

是的，通天河畔的静夜繁星与拉司通通宵达旦的极乐之舞，已经成为南国火红的凤凰花的回忆。我不知道没有这些回忆面对未知的人生，我的生命是否还有意义。

更多时候，称多是无法描述的，她是自然存在的隐喻。嘎朵觉吾、冰沙嘛呢、巴吾巴姆，每每这些看似毫无关联的词语会不经意地就闪现于脑海之中，却一次次把我引向远方的上方，引向嘎域的一顶顶帐篷，引向嘎藏寺、拉布寺、阿多扎西寺，在袅袅桑烟地轻抚下，威武俊朗地扶我上马，在清脆的扬鞭声中，瞬间我们就消失于草原深处的花海之中。

称多就是这样成为我一直不能轻易触及的地方，她洞悉我的一切，在我最柔软的内心栖息。只有在那里，她才是妥帖的、完整的。尽管抵达称多的时候我毫无防备，手忙脚乱，离别时我却充满忧伤。我只能靠着回忆一次次地抵达、离别，只有如此，我才能让我的灵魂找到归宿，也只有那雪山下的归宿才能让我获得永恒的安详。

称多的圣洁并非命运的偶然，而是人与神相互尊重激励的结果，是轨迹，她提供的并非我们去往何处的八卦预测，而是心平气和地告诉我们，在并不遥远的将来，我们会向哪些方向前行，并且必然而然。在青藏高原日愈备受关注的今天，在去拉萨旅行成为时髦谈资的当下，称多归来。当不经意地忆起称多的一个小小片段，我都开始坚信：所有对藏地的夸夸其谈都是无聊的，用个人的得失来诠释长江、黄河、澜沧江的起源之地实在是太渺小了。所有的载体都不具备描述她的可能性，面对我们的生存极限却是藏人的生存底线时，我们荣耀的表达会不会让康巴汉子笑弯了腰？

往世或者来生凸显了现世的难堪，但称多却为我们打通了一条通道，她拒绝提供任何仙丹妙药，她拒绝任何虚幻的胜利，她只是平静地领着我们回家、播种、放牧，在各自不同的处境中跪拜大地，向着生活的深处坚韧执着地挺进，乃至花繁叶茂，日复一日，万象更新。她使我们确信，一座山、一条河都有着神圣的语言；山岭或许会被夷为平地，河流或许会改变流向，但灵魂不死，江河不亡，世世代代。

有人说青藏高原是神的童年，那么寻找人类的童年在离星空最近的地方就最为恰当。我痴迷于在通天河畔依偎古老的白塔，听着咆哮的水声，遥望深邃的夜空闪烁的群星，所有对于遥远童年的记忆就在此刻得到补偿。星星与人们的居住环境之间，有着妙不可言的契合。

能持续地看到繁星，毫无疑问，这是我生命中隆重的大事。在称多与星光的一次次不期而遇，混淆了梦和现实的界限，却使我明白无误地相信了神灵的存在，他们在夜空组成的各种图案蕴含的隐喻，使得我的身体万般轻盈，可以不受任何阻碍地抵达任何目的地，我难以置信这一切的真实性，却为之激动不已。

尽管称多安静地把自己隐匿于康巴藏区的三江源头，但是前往称多的嘎朵觉吾朝拜却是众多康巴藏人一生的使命，无论道路如何坎坷，嘎朵觉吾都成为他们一生的必经之路。在高峰云集的青藏高原，她原本并不出众，但山峰尖峭挺拔，会让任何一个企图接近她的人心生敬畏，望而止步。对称多的记忆更多的是对嘎朵觉吾的记忆，嘎朵觉吾自然而然就是记忆的核心。暮色临近时的走进，黄昏来临时的告别，九月的称多在我记忆深处永远定格于嘎朵觉吾，定格于嘎朵觉吾的转山，她成就了我的神话。

但是，如果没有神话，人类的存在还有没有意义？

是的，那空气稀薄甚至草木不长的地方，却有着安慰人类最好的神话。村落、寺院，风雪中的人间气息，天国与尘世的界限混淆不清，却是一种真切的存在，如同我在嘎朵觉吾转山之时在褐灰清冷的岩石上看到突然出现的岩羊，在阳光的闪耀下构成致命的诱惑，这种诱惑或许就是我们该有的初心。

“一切生命活动都只能在最近的距离观察。如果你站在难以看到生活细节的地方，就会感到生活本身是如此荒谬，甚至滑稽。你渐渐走进它，就发现它是那样严肃，痛苦或者幸福都是真实，每一个事件都似乎具有不可思议的重大意义。”张锐锋在《风中的翅膀》中的这段话，用来形容称多恰如其分。只是我们和称多康巴藏人并不生活在同一个平台上，几

千米的落差让我们望尘莫及。

嘎朵觉吾的转山朝圣是艰难的，需要你有足够的敬意和毅力。她是我们梦想的起点，或许也是终点。这不仅仅意味着高度和长度的变换和转移，在心理和生理的双重挤压过程中，一切豪言壮语和慷慨激昂都变得多余。她让你明白我们永远不可能和神处于同一个高度，她不露声色展示的威严与她人丁兴旺的庞大家族用最为浅白的语言规劝我们，我们只能有限度地生活。艰难的喘息使得每一步的攀爬都拙笨缓慢，让你没有勇气仰望近在咫尺的山峰，就是这忐忑的攀爬昭示了神与人的分工，我们必须将难以完成的事业交付于神，这是对自然与神的敬畏，也是我们对自身的最好保护。

神的安抚为我们在大地划定了道路，嘎朵觉吾也会随时在一个拐角处露出平和的笑意，前提是你已经忘记自己的伟大，自己任何企图的征服。我很庆幸我能与她邂逅，我相信这是对善良的回报，如同她是羊年的本尊，是言言和信信的守护神山，一切都是冥冥之中不可逆转的注定。

就是这充满灵性远离尘世的净土，独具东方美学的极雅之境，才能产生人世间最为纯洁的舞蹈——巴吾巴姆。他们的歌舞是生长于大地、天神的授予和劳作的产物，而称多康巴藏人的藏袍就是专门为舞蹈设计的，自然而然地成为身体的延伸，成为对大地最好的修辞。他们的舞蹈我们永远无法复制，因为他们的舞蹈早已经超出舞蹈的范畴，他们骨骼里蕴藏的动能是他们的祖先经年累月积累的赋予。在这个星球上，我去过无数的大剧院，看过无数的歌舞，可是只有通天河畔的昼夜不停的歌舞能混淆天堂和人世的边界，在激情澎湃中获得安详。他们是真正的浪漫主义者，看似荒芜的大地和枯燥艰辛岁月给予的生活哲学，使得他们获得了这个世界上人类所能达到的最高幸福指数，超出了语言可以表达的范围，必须用身体层层递进的舞蹈才能表达。

称多是辽阔的，那种辽阔带着康巴藏人特有的血性呐喊。正是这种血性的辽阔，使得她能在壮阔的青藏高原有着自己独立于世的存在；她可以信马由缰地将唐蕃古道吟唱着跨过一道道我们难以逾越的天堑，也可以万人聚合虔诚地柔情诵读一首首佛经，如同她的名字一样，在嘎朵觉吾山神的注视下，在华丽斑斓的世界里脱颖而出。

地理意义上的称多的重要性毋庸置疑，她将不同的地理和文化有机地衔接在一起，用江河、繁星、雪山构成自己的信仰，再从万山之宗、江河之源俯视大地，将慈悲化作一缕缕桑烟，慰藉孤寂的人世。

通天河畔

⊙ 在称多的时光，我痴迷于在通天河畔的行走，尤其是繁星满月的夜晚，在佛光熠熠生辉的古老白塔旁。静静地伫立在这条不断变换名字的大河边，它的各种名字——沱沱河、通天河、金沙江、长江，会随着河流的涌动而向远方流动，你会轻而易举地将过去、现在、未来一眼望穿。

今天，到达称多的路径极为便捷，现代交通和高速公路为这一切都提供了可能。然而，仅仅是物理意义上的到达没有任何意义，称多拒绝快餐式的观光消费，在你没有足够虔诚的时候，你永远无法深入其肌理，了解她的精神世界，也就无从了解她每一个褶皱里的秘密，无法与她契合，无法在她纵横密布的每一条筋脉之上感受她的毅然决然、蓬勃健硕的生命力，更无从在每一个宁静温顺、阳光温暖的时刻理解无怨无悔的确切定义。

称多的故事，永远不会起于称多，理所当然，它的结束，也不会止于称多。身未动，心已远。让我们在路上与称多不期而遇。

来到称多，不得不提一条长达 800 多公里的开阔大河——当地著名的通天河。

说起这条河，估计大多数人都会想到《西游记》中“径过八百里，亘古少人行”的通天河。在唐僧师徒的第八十一难“通天河遇鼋湿经书”中，师徒四人取经归来，二次横渡通天河，因忘了之前承诺老鼋代他询问佛祖自己寿命还有多长之事，导致老鼋大怒，把唐僧一行掀下河去，取得的真经也落水湿透，师徒四人不得不把经书放在岸边的巨石上晒干，这块巨石在晒经的同时，留下了经文的印迹，后人又称其为晒经石。

在通天河大桥南岸，便有一块巨大的青石，当地人说这块石头就是传说中的晒经石，一旁的八角亭内立着“晒经台”石碑。且不说当年玄奘是否真的在这里渡河，神话毕竟是神话，但通天河晒经的故事仍值得大家回味。唐僧虽为圣僧，也难免会犯错，因为失信于老鼋，导致落水而经书湿透。换作今天，失信的代价，并不只是湿经书那么简单。就算是驰名中外的大企业，一旦失信，品牌的美誉度往往直接受损，客户也会急速流失。公众人物做出失信之事，在当今各路媒体的快速传播之下，很可能就从名垂青史变得臭名远扬。失信于人，便是人生最大的破产！也许古代高僧早就悟到这其中之道，通过这一传说向后人传达切莫失信的道理，“过渡晒经”的故事也成了后世流传的趣话。

顺着通天河的河边走着，经常会发现一些星罗棋布的石头堆，这些石头堆上面刻着经文，多为藏文六字箴言，也被称作“玛尼堆”。这些经文的传说其实也和晒经故事有关。传说唐僧师徒在晒经时，被风吹散的经文就变成了玛尼石，而玛尼石由信仰佛教的僧人捡起来堆在一起，成了玛尼堆。后代藏人沿袭了这个传统，将石头堆砌起来，刻上经文、佛像或一些图腾，以祈求上苍的恩赐与天神的保佑，祛除灾难，获得幸福。高原上的人们，路过玛尼堆，便会围绕其转上一圈，一边诵经一边添加石头，这样玛尼堆也随着时间越堆越大了。

去过藏区的朋友们，其实也会发现，不只是河边，在一些山间、路边、湖畔，也都有一块块石板堆砌而成的玛尼堆。有的玛尼堆则比较简单，没有刻经文与图案，只是用石子简单堆砌成不算太高的金字塔形石堆。我之前在羊卓雍措圣湖就看到很多这样的小石堆，大多是本地藏人和游客自己堆砌的，我也在湖边用几块石头简单堆砌了一个玛尼堆，也是对自己和家人的一种祈福吧。

除了传说，玛尼堆的产生更多是源于藏人的一种石头崇拜。石头对当地人们来说，更多是一种灵性、带有神秘力量的东西。崇拜者们相信，神灵附于石头上，崇拜它可以获得吉祥、免去灾祸。石头对于藏族人的作用不言而喻，除了传统的打磨刀具、抵御野兽攻击以外，石头的功能也在他们的生活中体现得淋漓尽致。从普通的藏族民居到气势雄伟的布达拉宫，均是石头砌成，而每个藏人都有佩戴如天珠、绿松石、玛瑙等石头的习惯，不仅仅是衣着饰品，更是源于灵石崇拜的衍化形态。

石头不语，却充满灵性；石头不动，却让人生畏。不只藏区，中原地区《莲社高贤传》就有佛祖讲《涅槃经》让围坐的群石点头之事；《红楼梦》中提到石头幻化成人、经历世间沧桑的故事。可见中国自古以来，都对石头有崇拜之情，历代许多文人雅士也都有觅石、藏石、观石的习惯。从藏区石房到江南园林的奇石假山，无不体现人们对石头的钟爱。石文化与中华文化一脉相承、息息相关。我们现代大多数人可能不会对石头这么情有独钟，但我们懂得“精诚所至，金石为开”的专心诚意，也会在面临困苦时“坚如磐石”，不要“以卵击石”地莽撞做事，不得不敬佩石头的精神，这也是我此次见到玛尼堆感悟最深之处。

以水为师

⊙ 雪域是孤寂的。可青藏高原的孤寂是为了积蓄力量，不然它不会有如此的气魄去孕育长江黄河的诞生，反哺中原文明，这是一种怎样惊心动魄的孤寂？在这个意义上说，是上善若水的称多大地成就了藏传佛教。面对称多大地的柔性、包容，感受称多节奏传递的生命之美，我们不过是大地的孩子。

通天河我来过两次，分别是夏季和冬季，刚好是两个景色相差甚远的季节。

夏季的通天河，在蓝天与青山地拥簇下宽阔而绵长。站在高处看去，蜿蜒的河水仰卧于群山之间，如同一条巨龙盘伏在这离天最近的高原之上，一眼望不到头，不知道它从哪里来，要到哪里去，或许尽头就在天堂，这也是“通天”之意吧。沿着通天河走去，河水时而在河谷中咆哮，时而又静若处子地流淌。这是长江之源，磅礴又不失风度，质朴又不失大气，为神州大地孕育出了成都平原文明、江汉文明、太湖文明。

通天河承接当曲与沱沱河，至结古镇西巴塘河口后为金沙江，其中有一段景色最为奇丽，为玉树一大奇观——通天河十五湾，这也是许多摄影爱好者蜂拥而至之地。从山口往下望去，迤逦盘桓的通天河镶嵌在延绵的群山之间，形成十五道湾口，弯弯曲曲的河流依恋着山川，乃一幅生动的山河缠绵图。

我纳闷为什么世界上所有的河流都是迂回曲折，而不是直来直去的呢？撇开地转偏向力等地理学的原因，自然界的很多事物都是弯曲的，山是曲的，云是曲的，年轮是曲的；风是曲的，磁场是曲的，星轨也是曲的。曲折不就是河流乃至生命的常态吗？这样一想，人生不也是这样的吗？没有谁的一生是笔直和一帆风顺的，曲折的人生就是人的常态，是生命的真谛。那么，我们在经历起起落落的人生时、遇到波折与困难时，不也应当坦然面对吗？人就是在曲线的生命下创造出每一个可能性，在一道道弯曲的时间与空间中留住自己的精彩。所以，把握住每一道人生的曲折吧。

开阔的河面、湍急的河水、错乱的礁石，将玉树分割成了

南北两片区域。那会不会因为河流的原因，河的两岸有着不同的文明呢？答案当然是否定的。其实在唐朝时，藏人就运用智慧创造了牛皮筏来渡河，用牦牛皮制作的牛皮筏吃水较浅，牛皮入水浸泡后会变得非常有弹性，对水中暗礁等物体可以起到耐撞击、耐磨的作用，特别适合于西藏河流的特点。有了水上交通工具，自然两岸的文化交流便不再受到影响。

如果说夏季的通天河是一条嗷嗷待哺的巨龙，那么冬季的通天河就是这条龙开始冬眠了。大自然是如此的神奇，冬季的魔法将浩浩荡荡的河水转变为洁白的冰河。结冰的河面一眼望去，恰似一条硕大的雪白公路。在唐朝以前，没有发明牛皮筏的时候，这条“公路”便成了两岸人民融合交流的纽带，到外界游览、交换物资、走访亲戚，都要依靠河流的结冰期。更难以想象的是，部分冰面结冰较浅，薄冰与蓝天交相辉映，蓝色的光线透过冰层反射出来，你分不清是蓝宝石还是河水。在南方生活习惯了，很少见到雪，更别说河面结冰了。我情不自禁地在冰河上奔跑，尽管有滑倒的危险，不过跌倒再多次，也难以抑制我激动的心情。

经过两个季节的通天河之行，我在想，是否人也应当如同这通天河水一般，遇到巨石急速迂回，保存实力；遇到暗礁勇往直前，奔流不息；遇到低温凝结成冰，能屈能伸；部分河水升华为水汽，水汽通过降雪降雨又为河水注入源源不断的生命力。根据不同的地势与天气变化，最终以不变应万变，周而复始，源远流长。《周易》中曾提道“穷则变，变则通，通则久”，说的就是水善于变通的品性。人太固执，就很容易一意孤行，墨守成规，这并不是件好事；而做人太圆滑，也容易缺失本性，八面玲珑，却找不到真实的自己。若向水学习，刚柔并济，深谙世故却不世故，既谦卑善良也懂得坚守底线。通天河水就是我最好的修行导师，也是我向往的处世哲学。

冰沙画语

⊙ 称多有着自己的节奏，这种节奏是因为在佛光的闪耀下，它们获悉了通往天堂的秘密。每年，最为寒冷的季节，通天河畔的欢乐却刚刚开始。滴水成冰的江面正好显示了佛对称多藏人的最高信任准则，冰沙嘛呢这一绝无仅有的康巴殊胜之境打通了佛祖回到人间的道路。石头、沙子、冰面、咒语、经文、坛城，佛以这样最为自然的方式来到人间，让每个生命都可以用坚定的目光注视自己。温情的人间，连佛都是如此的缱绻。孤独是伟大的智慧，称多的这种智慧在于它与佛的真正心领神会。

说起称多的艺术，最让我惊叹的是冰沙嘛呢绘画。

和普通的绘画不同，这幅画的画纸是隆冬时节通天河上的白冰，墨水是当地的沙子，而画的图案只有一种，就是六字箴言。“用冰作宣纸，用沙作笔墨”的绘画方式我还是第一次见到。绘画活动开始时，数以万计的通天河两岸牧民纷至沓来，有六七十岁的老人，也有几岁的小朋友，带着装满沙子的布袋，从冰河的一头一直画到另一头。绘画的人非常多，但大家分工明确，有条不紊，丝毫没有混乱不着边际的感觉。先在冰上对图案进行大致绘画，然后将沙子倾倒在指定位置，最后由一个人负责把沙填满铺平，进行定型。

待数小时的绘画结束后，冰沙嘛呢这万人艺术的结晶便绽放在通天河冰面上了。站在远处拍摄，画作颇为壮观。难以想象，在这硕大的冰河之上，有如此叹为观止的绘画。如果你不曾见到万人作画的场景，定会以为是上天把这神奇的冰沙嘛呢赐予通天河上。冰沙嘛呢绘画的藏语翻译过来叫作“金桥”，通过这幅冰沙画，可以让过往的路人知道这个河段能平安过渡，这也是“金桥”的寓意，金色的沙子谱写在净白的冰河上，为他人搭起一座平安、顺利、通往幸福的金色之桥。

这不禁让我联想起古老的传统艺术沙画。在我国宋朝时期即有“沙书改字”与“沙书改画”的典故记载，除了沙画绘画，近几年沙画表演也在我们日常生活和电视节目中经常见到，普通的一捧黄沙，通过沙画大师栩栩如生的演绎，让人能真实感受到动态绘画的艺术。一个经典的故事，可以通过沙画表演进行生动而形象的“动画”展示。不过冰沙嘛呢绘画，和我们所说的沙画以及其他绘画不同，它不是由一个人完成的，而是成千甚至上万人共同完成。现在我们许多国人越

来越喜欢个人光环，有时候甚至刻意放大这种光环效应，造成盲目的个人崇拜。而称多的上万牧民，共同完成一幅画，没人会记得住是谁画得最好、谁来主笔这幅巨画，来观光的人们只记住了这是玉树称多最壮丽的艺术文化，这不就够了吗？同样放在工作中，每个人都有自己擅长的能力和不足的地方，人无完人，只有不同的分工和相互之间的协助，群策群力才能创造更大的价值。倘若一味单干，很容易让工作寸步难行。有时候，成就他人的同时，其实也是在成就自己。

在拍照的时候，当地一个藏族小伙笑着向我介绍，冰沙嘛呢绘画这一习俗已延续近千年之久，相传是文成公主进藏时，在通天河的第一个渡口遗留并传承至今的。今天绘画结束后，经过一段时间的反复日晒，细沙和冰面就会融为一体，到时候会更漂亮。我想，这不就是中国自古以来的天人合一思想么？冰河是天，金沙是人，天是自然，人是自然的一部分，人与自然和谐共存，最终万物归一。在这广阔的冰河，在这天与人共生的奇观面前，人是那么渺小，自然是那么伟大，你还有什么理由不去尊敬自然而破坏自然呢？

他继续说，他们以冰为纸、以沙为墨在通天河书写六字箴言，既为了感谢上天的庇护，也为家人祈福，希望全家平安幸福。而待到冰雪融化的时候，冰河上的六字箴言与经文，便会顺着河水流向远方，把他们的祝福送给全国其他地方的朋友。这是我听到过的最有诗意的祝福，更是上善若水最本真的体现。

唐蕃古道

⊙ 时间无一例外地在每个民族的历史中渗透自己的意志，如同千家万户的家族史，从不间断，生生不息。这是大地为我们提供的线索，它会让我们看到先人的微笑，也让我们在不远处回眸。

通天河的文化价值，还在于它的地理位置，正是古代青海通往西藏的必经之路，这条路便是唐蕃古道。

如今，随着川藏、青藏、滇藏、新藏线的开通，唐蕃古道在人们的视线中逐渐淡去，但历史的痕迹却从未淡去。在过去，汉藏文化交流便是从这条路开始的。唐贞观三年（629年），年仅13岁的藏人松赞干布成为吐蕃王朝第33任赞普。他带领军队经过三年的征战，平定了内乱，对青藏高原的诸多小国进行兼并，统一了西藏地区。公元634年，松赞干布派使者前往长安与唐朝通聘结好。随后，松赞干布听说突厥与吐谷浑向唐求亲均迎娶了唐朝公主，不甘落后的他也遣使赴长安请婚，可当时唐太宗没有同意。被拒绝后，松赞干布决定武力逼婚，公元638年，松赞干布率吐蕃大军攻击唐朝的松州，这也是唐蕃首次爆发战争，不过此次战争吐蕃失败了。“抢亲”失败后，松赞干布为了与唐通好，又派大相噶尔•东赞宇松于公元640年，携黄金、白银及其他数百件珠宝，前往长安提亲。唐太宗审时度势，最终决定将自己的女儿文成公主嫁给松赞干布。第二年，文成公主由国舅李道宗护送，远嫁吐蕃，从此开辟了一条3000多公里的“黄金大道”。此次和亲，文成公主带着大量绸缎、典籍、医书、珠宝和释迦佛像进入吐蕃，中原文化与藏地文化的交流便愈发频繁，双方合作、友好的关系不断加深。此后的两百年间，凡新赞普即位，必请唐天子“册命”，唐蕃古道路上所修筑的驿站，也便利了人民之间的贸易交流。

诚然，历史总是两面的，一面繁荣和平，一面就有血腥杀戮。在力主和平的唐太宗和松赞干布相继离世后，吐蕃对经济和军事地理位置非常重要的吐谷浑发动进攻，唐朝作为宗主国不得不与吐蕃进行大战。此后又相继爆发了青海战役、素罗汗山之战，两次战役唐朝均以失败告终，而此时吐蕃内部矛盾加剧，也无心再战，唐蕃双方的矛盾再次以和亲解决。公元709年，金城公主又沿着唐蕃古道，远嫁吐蕃，是继文成公主入藏之后的又一段佳话。随着唐蕃间的使臣、商贾的频繁往来，通天河流域变成了繁忙的交通要塞。战争与和平在历史中一直交替进行，这正和青藏高原的气候一样，时而风和日丽，时而寒风凛冽，但不管天气如何变幻莫测，草原依旧年年生长，动物依旧繁衍生息，历史的主旋律也正是在冲突中融合，在融合中新生。

通天河，既是一支孕育两岸文明的生命之河，也是一条文化融合的通衢大道。我站在通天河边，闭眼想象，如果我是当年大唐派来的使者，我是否会坚持走完全程？我要用什么办法在当时并不先进的交通技术下，克服高原恶劣的气候条件？前方如果发生滑坡，我应当如何应对？渡河时坐在牛皮筏上，我能否自己划到对岸？当把自己置身于唐蕃古道的历史长廊中，我更深刻体会到有一条顺畅的道路是多么重要。

以前每到一处农村，有一句标语总是令我记忆犹新：“要想富，先修路。”路在我们生活中的作用真的不可或缺，我记得之前去拉萨的时候，便是乘坐青藏铁路火车从青藏线入藏，而出藏的时候坐车由川藏线出藏。两种不同的路，是凝聚了多少人的血汗和生命铸成的！当我们还在抱怨穿越唐

古拉山口的缺氧无力，还在心烦川藏线的颠簸不堪、尘土飞扬，可曾想过修路的工人却是多么的不容易，离家的思念、极端天气的无情、高原的缺氧、体力的作业以及随时可能发生的山体滑坡、泥石流，我们承受的那点困苦又算得了什么呢？穿越唐蕃古道不易，而铺就唐蕃古道则更难。古往今来，有多少修路人，谁也不知道他们的名字，不知道他们是谁，但正是这一条条通畅的路，让不同语言与不同民族在唐蕃古道间交融，让通天河畔成为汉藏文化交流的重要驿站。

有了陆路，就少不了水路。唐蕃古道中的通天河路段，最为重要的便是渡口。从称多县出发，沿通天河溯水而行，我们来到了这个称多最古老的渡口——嘎白塔古渡口。当年唐御使唐玄奘及唐朝文成公主，便是从这里横渡通天河西行的，这里已成为当地著名的历史遗迹、现系省级文物保护单位。嘎白塔，也称渡口白塔，是人们心灵的坐标，是漫游三江源地区在藏地旅途中心灵得以慰藉、得以放松的标志性建筑之一。藏语俗称“确顶嘎宝”，“确顶”藏语意思为佛塔，“嘎宝”为白色。传说中通天河畔的这座自生的水晶白塔是很有来历的，据传贤劫第三佛迦叶如来出世时，有宝晶塔由如来加持开光后，分别住于天界、罗刹界等处，后来被龙族请到龙宫，供奉于地底空行坛城的中央。贤劫第四佛释迦牟尼如来开演佛法后，莲花生大师来到此地，龙族将宝晶塔供养给大师，大师于此空行，非人汇聚之地，以宝晶塔为内藏，修建了此塔，因此也称“自生宝晶塔”。银光耀眼的白塔伫立在通天河边，塔高六层，金顶熠熠生辉，塔身呈曼荼罗形，底下是围成一圈的转经筒，经幡在周围随风摇曳着，整座白塔就像是一位通天河流域的守护者，保佑着古代来来往往的人们由此安全过渡。在塔基有许多佛教的石刻岩画，各种姿态各异、面相不一的佛陀与菩萨，更加深了这里的神秘性。

纷至沓来的人们手握着转经筒，一边吟诵着经文，一边虔诚地转塔。我们看见了一位老奶奶握着佛珠和她的小儿子在这里转塔，小儿子说他们住在附近的兰达村，妈妈每天都会来这里，一转就是五十甚至一百圈。很少有人能够真正理解他们这样转塔的意义，仅仅就是为了寻求佛祖的保佑吗？我们内地很多人也会去烧香拜佛祈福，但是绝对没有人会每天都去同一个地方，日复一日、年复一年地做同一件事。真正让藏族人坚持每天做同一件事的不是这件事本身的目的，而是它已经成为一种习惯。如果你只是抱有目的性地去做事情，坚持几天几个月没问题，坚持一辈子就不可能了。我们是不是应该把事情的结果看淡，把一定要得到什么东西看淡，而只是单纯地为了做事而去做事呢？每天练习钢琴成为一种习惯，你想不炉火纯青都难；每天看一个小时的书成为一种习惯，你想不开阔视野都难；每天跑步半小时成为一种习惯，你想不健康都难……当你把一件事情变成了习惯，该有的自然就会有，那么你就只管尽力去做就好了。

在白塔的山坡下面，有一处被当地人称之为“圣水”的泉水眼，据一位阿妈介绍，这是当年莲花生大师在开启嘎白塔下面的城门中发现的一眼泉水，有消除病痛、强身健体的功效，因为是无污染的天然矿泉水，常常饮用的确会对身体健康有好处。我也托起手掌，接过“圣水”感受这甘露的滋润。每天在这里走路锻炼，喝着纯天然的泉水，怪不得许多藏族老人的身体都很健朗，佛祖给予了他们心灵上的净化，而他们自己给了他们身体上的健康。

从白塔往河边走去便是当年的古渡口。过去，只要是有远道而来的贵宾，都会途经这个渡口，而当地人们会专程来白塔渡口迎接。由于如今通天河已经架起了几座大桥，现在这个白塔渡口便停用了，但你仍然可以想象当年渡口的热闹景象。我们在渡口边发现了几块平坦的石头，上面刻着像棋盘一样的方格，应该是当年船夫等客无聊的时候消遣娱乐的游戏吧。

没有什么比通天河的渡口文化更让人眷恋称多这块土地。通天河的渡口文化，也正好反映着当地的民族文化。船夫在石头上下棋的苦中作乐，是康巴藏人乐观旷达的最本质体现；来来往往的商旅人通过牛皮筏横渡通天河，与波涛汹涌的通天河斗智斗勇，这种敢闯精神也代表着一个民族的锐意进取；象征着平安、吉祥、幸福的嘎白塔，让人们的本心有了心灵寄托，用信仰克服困阻，找到生命之光，从而成为更好的人。

如果非要我用一个词来形容通天河，那一定就是“渡”。历经几百上千年的古渡口，摆渡的是人；修筑在通天河畔的渡口白塔，摆渡的则是人心……

称多词典

〔三江源纪念碑〕

三江源自然保护区位于青藏高原腹地，青海省南部，西南与西藏自治区接壤，东部与四川省毗邻，北部与青海省格尔木市都兰县相接。总面积31.6平方千米，包括17个县市，占青海省土地总面积的43.88%，总人口55.72万，居民以藏族为主。三江源自然保护区是长江、黄河、澜沧江的发源地，被称为“中华水塔”。

它的建立受到了党和国家领导人的高度重视，2000 年，时任中共中央总书记、国家主席江泽民亲笔题写了“三江源自然保护区”碑名，人大常委会副委员长布赫题写了碑文，表达了中国政府对生态环境保护的决心。为具体落实中共“再造一个山川秀美的西北地区”的重要指示，为西部大开发创造一个良好的生态环境，林业部将三江源自然保护区建设作为全国重点林业生态建设工程的“旗舰工程”，已先期于 2001 年投资启动实施。三江源石碑就立在称多县歇武镇通天河畔。

康巴血脉

⊙ 称多，青藏高原东部腹地，从诞生就是一个传奇。她专为剽悍俊朗却又慈悲无限的康巴藏人而生。我至今都很难判断是康巴藏人成就了称多，还是称多成就了康巴藏人。可以确定的是，没有了称多，所有康巴藏人的传奇都将平淡许多。

未到称多，我已久闻康巴汉子的名气。康巴汉子，不是一个人的名字，它是康巴藏区男人的代名词。康巴汉子英俊、勇武，不仅在广大藏区闻名遐迩，在全国乃至世界都引人注目。

“康巴”源于藏族人把藏区分为的“三域”：法域卫藏、马域安多、人域康巴。卫藏地区主要在西藏拉萨、日喀则、山南和阿里区域，因寺庙居多、宗教盛行，称为“法域”；安多地区主要在青海黄南、果洛州、环青海湖区域，因地处辽阔的草原，多良马，称为“马域”；康巴地区主要在四川甘孜、西藏昌都、青海玉树以及云南迪庆区域，因康巴汉子和丹巴女子最为有名，称为“人域”。

传闻，公元前 336 年，亚历山大统一了希腊，后又灭亡了波斯帝国。从欧洲一直东征到亚洲的印度恒河流域，并在印度北部山区留下一支纯种的雅利安人。在随后的历史长河中，雅利安人有一部分翻越过喜马拉雅山抵达康巴地区，渐渐演变为如今的康巴藏人。两千多年后，希特勒曾派遣党卫军军官前往喜马拉雅山区，寻找他认为与日耳曼人血统一致的康巴汉子，准备带到德国与雅利安女子结合，培养最纯正的雅利安人种，满足统治世界需要。在希特勒口授的《我的奋斗》一书中提道：“雅利安人，即当代的日耳曼人，是上苍赋予‘主宰权力’的种族，是地球上最优秀的人种。”此后又流传着许多欧洲女子借旅游的名义，前往康巴地区寻找优良遗传基因的故事。2004 年，中国藏学研究中心研究员、副总干事格勒在《略论康巴人和康巴文化》一文中记载：“还有太平洋彼岸的洋人姑娘，千里迢迢来到康区，嫁给了康巴人。”当然，历史永远无法被精确描述，但这些故事足以见得康巴汉子在中外的赫赫有名。

走在称多的大街上，你会遇见纯正康巴血统的男子，轮廓硬朗分明、目光深沉，好似雕塑般的立体质感；古铜肤色下，散发着健康与阳光的英气；爱留长发但丝毫不显妩媚，长发披散有如雄狮的鬃毛，卷曲的头发上常盘着红丝穗，或戴着藏式毡帽，风度翩翩；体型健硕，肩宽步阔，配以镶玉的腰刀和雕琢细腻的藏袍藏靴、各类配饰，威武间又透露着侠骨柔情，阳刚又不失贵气。男人的豪迈与雄性之美，完美驾驭于他们的身上。在街上同他们打招呼或问路，他们并不会高傲得不可一世，相反会非常热情地对你微笑，给你详细地指明去向，甚至有人会带你直接过去，可见威武勇猛与彬彬有礼并不冲突。康巴汉子，不是剽悍下的礼者，而是礼貌衬托了他们的剽悍。

称多的康巴女子也透露着康巴人传统的力量。这种力量，不是体力的健硕，而是温度的力量。她们的肤色是温暖的，古铜色的皮肤并不让人觉得黝黑，反之，你会觉得这是圣洁高原上的天赋色彩，如太阳女神般融化你的内心；她们的身体是火热的，和她们一起翩翩起舞，动作轻柔又富有灵性，藏族血统的豪迈与野性，也让她们有着温软有力的舞姿与干练的动作；她们的性情是热忱的，在藏家做客，她们会请你吃最地道的糌粑，喝最浓郁的酥油茶，啃最带劲的牦牛肉，待客之道如本人一样，真诚真性情。

康巴女子的美，还在于她们的自然纯粹。无尽的草原滋润着每一个与它朝夕相处的人，奇山异水育美人，常年面对雪山、草原和星空，举手投足间更显大方自然。澄澈湛蓝的高原湖泊，洗涤着康巴女子清新的内心。微笑时你会看见她们露出的洁白牙齿，犹如天然的牦牛牛奶。身上佩戴的蜜蜡、天珠、绿松石、红珊瑚等首饰，均是上苍的馈赠，人、珠宝与大自然的磁场浑然天成，让康巴女子至真至纯。如果非要说康巴女子属于什么色彩，那定是盛放在康巴雪域的高原之上那出尘脱俗的格桑花。

康巴汉子和康巴女子构成了“人域康巴”最美的风景线，若用两个词形容他们的话，战士与商人是非常形象的表达。康巴汉子身材魁梧，性格刚毅，刀和枪是康巴汉子最为珍爱的物品。古往今来，许多藏族战士都是康巴汉子。在 1884 年至 1904 年全体藏族人民抗击英国侵略者的战争中，康巴汉子最令英国侵略者胆寒，即使是出家的僧人也不顾性命骁勇作战，共同保卫家园。

这里无论是男人还是女人，天生就有经商的意识，又因为是游牧民族的关系，他们在生意场上四海为家，也被誉为“西藏的犹太人”。经商世风沿袭，大商家层出不穷，小商家也遍布藏区，最常见的就是在各个国道线上销售玉石、玛瑙、天珠等金银珠宝首饰的流动商人。一些康巴人用自己家里赞助的金银珠宝换购货物，然后跋涉到各地，进行古董、工艺品、羊绒、汽车、药材、酒类等各类货物的销售，赚取差价。几乎所有的康巴人都有亲戚是生意人，他们彼此间合作沟通，形成强大的经营联合体。而康巴人血液里流传的精明、重信守义、不惧冒险等精神，让他们能独垄某行业并进而成就为左右一方经济的大富商。

太阳部落

⊙没有了雅砻江，就没有康巴文化，没有了康巴文化，史诗般壮烈的藏人顿时会失去太多的血性。而称多却慷慨地把雅砻江优雅地奉献给大地；它的优雅在于不断地弯曲，使大地得到更多的恩惠，其实就是这种恩惠，让我们懂得佛的慈悲用意，也就明白了阳刚的康巴人为什么会如此柔情。

康巴人备受世界青睐，正是因为这里人杰地灵的关系。所有康巴家族的血统是一脉相承的，发源于称多县巴颜喀拉山南麓的雅砻江，就是“康巴人的母亲河”。康巴藏人正是沿着这条河，把英勇、豪气、洒脱的性格传承千年。雅砻江在称多县和石渠县境内称为“扎溪”，而生活在扎溪流域的康巴人便被叫作太阳部落——扎溪卡哇。

当地有这么一个传说，在很久以前，一头神牦牛被冰雪禁锢在格拉丹冬雪山之上，为解救神牦牛，康巴勇士们登上雪山，通过太阳引来火种，将冰雪融化，最终神牦牛苏醒了。它的鼻孔中喷涌出一股清凉甘甜的雪水，从此，这片草原上便有了潺潺的溪水和广阔的河流，牛羊成群，牧歌传颂。而解救神牦牛的太阳与火，则成为部落崇拜的图腾，该部落就是太阳部落“扎溪卡哇”。怪不得在康巴人的血统里，充斥着阳刚与力量，燃烧着血性与热情，这便是信仰太阳的缘故吧。

我喜欢“太阳部落”这个名字，它让扎溪流域的康巴人发光发热。在 19 世纪，西方宗教研究领域中的自然神话学派代表人物麦克斯·缪勒就提出“人类所塑造出的最早的神是太阳神，最早的崇拜形式是太阳崇拜”。全世界对太阳崇拜的发源地共有五个：中国、印度、埃及、希腊和南美的玛雅文化。据《山海经·海外东经》记载：“汤谷上有扶木，一日方至，一日方出，皆载于乌。”《山海经·大荒南经》记载：“东南海之外，甘水之间，有羲和之国。有女子曰羲和，帝俊之妻，生十日，方浴日于甘渊。”这表明中国的太阳崇拜起源于山东东部沿海的日照一带，是上古时期羲和族人祭祀太阳神的地方。为何羲和一族会崇拜太阳？可能是因为古代山东沿海就是最早能看见日出的地方。而扎溪流域，正是处于离太阳最近的高原之上。一个日出最早，一个离太阳最近，人们崇拜太阳自然也无可厚非。

太阳，这个陪伴着我们日日生活的巨大天体，不知多少万年前就辉映着地球，守护着人类。但如今生活在城市里的人们，几乎没有一个人会去崇拜只在晴天就能随意见到的恒星。人就是这样，越是轻而易举能得到的，就越不会去在乎、去珍惜。崇拜只是一种心灵的寄托形式，我们大多数人不一定要像古人一样崇拜太阳，但当我们享受着大自然的慷慨给予时，应怀着一颗感恩之心。走在雅砻江流域，看着这片太阳下的土地是那么美丽，我要感恩草原，她的辽阔与肥沃，让万千子民能在她的庇护下繁衍生息。我也要感恩雅砻江，流淌之处，必定生机勃勃。我更要感恩太阳，每一束光线把温暖与能量，带给康巴藏人。有时候想想，我们能尽情地呼吸每一口空气，能沐浴每一寸阳光，这不就是大自然无私的恩泽吗？我们能做的，只有感恩，只有去爱护、去珍惜这片孕育生命的大地。

格桑梦境

⊙ 康巴藏人对内心的索求远远胜于对现实的索求，正是这种内在的驱动，他们从不消费对神的信仰，对佛的虔诚，不会把对神灵的每一次祷告立即在现实生活中去兑现。因此，他们更获悉幸福的秘密，也更为熟练在煨桑的袅袅青烟中、在风马旗的猎猎舞动中、在天堂和尘世自由地来来往往。

来到称多的珍秦镇，在扎溪流域有一片广袤的草原，它便是玉树地区与巴塘草原齐名的嘉塘草原。

我一向对草原都非常神往，嘉塘草原是我来称多之前就决定非去不可的地方。到达草原的时候，映入眼帘的是一望无际的碧绿草地和蔚蓝的天空，苍穹与大地贴得很近，仿佛伸手就能碰到白云。空旷的草原让我的心也随之阔达，我不由自主地在草地上打滚，躺在草丛里什么也不想，晒着温暖的太阳，呼

吸着弥漫着芳草气息的空气，这时自己全身心都是放松的，工作压力、生活琐事、人情世故，在大草原面前你统统都会忘记。当我漫无目的地往草原深处走去，本以为一直是这碧草蓝天，忽然翻过一个小山丘，一大片紫色的花海在我面前乍然浮现，这让我欣喜若狂。紫色野花是藏区大名鼎鼎的格桑花的一种，和我之前看过的薰衣草的浪漫优雅不同，同样是紫色，这里的花在草地中拔地而起，一个个傲然独立又相扶相依，形成连片的巨型花海，让我不禁感叹它竟能在这气候瞬息万变的高原中生存下来，为大地点缀花香与诗意。

再往前走，一片绿色过后我又看见了遍地的红色花海，嘉塘草原的随意游走，我不断感受白色、黄色、蓝色花海的始料未及，这里真的是一个惊喜王国。我想起一部电影《海蒂和爷爷》，小海蒂和爷爷生活在阿尔卑斯山里，她每天和小伙伴都会出去放羊，光着脚在花草山峦中奔跑，站在草原上一眼望去就能看见雪山，到了冬天，山地就变成了滑雪场，小海蒂的生活自在快活。后来她的姨母接她去了城镇里，做富家小姐克劳拉的玩伴，同时学习文化知识、接受家庭教育。当海蒂在豪宅生活了一段时间后，家里的约束、城市的压抑，让她开始想念雪山、草原、湖泊和森林，她每天常常伫立窗前，望着对面一栋栋房子发呆。有人告诉她，登上城镇最高的钟楼，就可能看见高山。她偷溜出去，爬到了钟楼上面，可望出去却是更多冰冷冷的房子，这让她心灰意冷。念念不忘，必有回响。最终她舍弃了城市的富裕条件，回到山里继续过着自由自在的生活，同时也着手开始写书，追逐自己的梦想。这部电影故事情节很简单，但它揭露了人最本质的东西——回归本真。人类从自然中来，却在发展的过程中摒弃了自然，建造自己的城市，生活在条条框框里，追求着功名利禄，这真的是我们所需要的吗？当你真正发现自己想要什么的时候，你就会明白，回归本真和初衷更重要。不是要回到农村去生活才是本真，而是我们知道自己内心想要的是什么，然后去追逐它，懂得放弃一些世俗强加于人的看法，不随波逐流，无需他人的观念来左右我们的生活，这就是本真。

五彩的花海在这片草原上，与蓝天白云、远处山峰构成了一幅绚丽的唐卡。高原上盛开的各式各样的格桑花，便是上苍送给牧民们最华丽的庭院。我应该向格桑花学习，用顽强的意志在海拔几千米的高原上盛开，斑斓而不妖艳，小巧又不失挺拔，耐得住雪域的寂寞与风寒，也能带给他人惊喜。人也应同格桑花一样，娇弱的外表下有着强大的生命力。难怪“格桑”在藏语里就是幸福的意思，幸福不就是有着强大的内心吗？内心强大的人，经受得住挫折，也能带给他人快乐，乐观的心境和丰满的内在让他们比那些内心柔弱、时刻需要别人呵护的人更容易获得幸福。

在草原上，我时不时看见成群的牦牛在悠闲地吃草，整片草原就是牧民们的天然牧场。牦牛的躯体和长毛可为它御寒防风，发达的心胸能适应高原缺氧的环境。据当地的藏族朋友介绍，青藏高原紫外线强、昼夜温差大，细菌很难生存，因此每天吃着无污染牧草长大的牦牛，极少生病，喝牦牛奶长大的孩子，免疫力会比喝普通牛奶长大的人更强。而牦牛肉也富含氨基酸、蛋白质和各类微量元素，对增强人体抗病力、细胞活力和器官功能均有显著作用，怪不得《吕氏春秋》说“肉之美者，牦象之肉”。这也是康巴汉子健康结实的一部分原因吧。康巴血脉的构成里，雪域高原与藏牦牛，少了一个都不行。

雪域马魂

⊙ 天下哪里的美人最多？我没有做过统计，但是在八月通天河畔的嘉塘草原马术文化节上，成群结队的朗健身姿和如花的笑颜还是让我叹为观止。

在这水草丰盛、风光旖旎的嘉塘草原上，生活着几十支逐水草而居的游牧部落，这里也形成了独具特色的扎溪卡游牧文化。游牧人这种依赖草原、适应大自然的本能，似乎和老天达成了某种契约，形成了相适应的机制，他们会根据水草盈仄、风雪旱涝、季节变化，进行不断迁徙，与自然融为一体。

在与自然的适应当中，扎溪卡游牧人常常要驰骋草原，他们幼年便开始学习骑射，不断开拓牧场，辗转迁徙，每年这里都会举行马术比赛和表演。根据《格萨尔王传》史诗记载，藏族人民引以为豪的旷世英雄格萨尔本人在赛马争夺王位时得胜称王，此后格萨尔每次出征前都会进行跑马射箭，这一习俗沿袭到今天变成了藏人的马术比赛。我也有幸看到了嘉塘草原上的马术比赛。在辽阔的草场上，场地四周站满了观看比赛的男女老少，为参加比赛的朋友喝彩助威。只见一群群穿着藏式长袍，骑着用哈达、绒球打扮着的骏马，在草场上英姿飒爽地进行比赛。

比赛的项目有很多。骑马射箭则是我们在电视和电影中常常看见的，而当我身临其境观看时，感觉更加惊心动魄。只见骁勇的骑手一边策马疾驰向前，一边聚精会神地用弓箭瞄准靶心，抓准时机松手放箭，弓箭如闪电般地飞向靶子，用眼疾手快来形容这个项目再合适不过了。助威的人们也随着骑手不断走动，场面异常活跃。我不由感叹这得练习多少年才能边骑马边射箭啊，而且还得要射中靶心。或许长期的骑射传统早已深深注入他们的血液之中了。

跑马拾哈达是我未曾见过的马术比赛，它要求骑手们在奔驰的马背上徒手拾起右手边的哈达，再迅速翻转身把左边的哈达拾起，全部的动作都要在一分钟左右完成。最后根据拾取的哈达数量和所花的时间来评定名次。有的骑手弯下腰后，头

已经和抬起的马蹄在同一条线上，整个过程惊险刺激；有的骑手一个俯身去拾哈达，整个身子除了腿在马背上，其余都腾在空中，我真担心他会从马背上摔下来，不过只见他娴熟地鲤鱼打挺，将白色的哈达迅速收入囊中；还有的骑手顺利拾完哈达后，双手举起哈达，往终点线冲刺，看来他是势在必赢了。如果是我，可能第一次弯腰就闪着腰或从马背上掉下来了吧！

走马赛也是最能体现康巴汉子的绅士风度的马术比赛。走马和跑马不同，跑马是人骑在马背上奔跑，而走马则是骑着马走路。在康巴人眼中，走马比跑马更受欢迎，因为游牧人在日常生活中，仅仅把马当作交通工具，在草原上骑马走路的场合更多，很多地形并不适合马奔跑。好的走马，既能在短途中快速前进，也能在长途中有较高的耐力。走马赛比的不是谁的马走得快，比的是步伐稳健、姿态优美。只见一个个走马参赛者，服装精致，人和马的配合度非常默契，不慌不忙地骑行着，康巴汉子的英俊潇洒、骑士风度让走马变成非常让人享受的视觉艺术。

大自然这个造物主，慷慨地将地球的脊梁给了青藏高原，让生活在嘉塘草原的人们得以御马奔腾。马术的精彩绝伦，康巴汉子的勇猛剽悍与英姿飒爽，沿袭着格萨尔王的马背精神与不屈血脉。如今，格萨尔王的灵魂并没有消失，他会跟随草原上的康巴汉子百年千年地继续传承下去。

称多词典

〔嘉塘草原〕

嘉塘草原位于称多县珍秦镇境内，东南部与四川省石渠县接壤，是玉树两大草原之一，与巴塘草原齐名。嘉塘草原宛如锦毯繁花怒放、流水潺潺、毡房点点、牛羊成群。每年的6月至9月，各种色系的花朵依次开放，仿佛是一个天然的花园，而独具特色的扎溪卡游牧文化及嘉塘马术堪称玉树之最。

〔格萨尔王传〕

《格萨尔王传》是世界上迄今发现的史诗中演唱篇幅最长的英雄史诗，它既是族群文化多样性的熔炉，又是格萨尔王多民族民间文化可持续发展的见证。这一为多民族共享的口头史诗是草原游牧文化的结晶，代表着古代藏族、蒙古族民间文化与口头叙事艺术的最高成就。它历史悠久、结构宏伟、卷帙浩繁、内容丰富、气势磅礴、流传广泛。

《格萨尔王传》主要分成三个部分：降生，即格萨尔降生部分；征战，即格萨尔降伏妖魔的过程；结束，即格萨尔返回天界。三部分中，以第二部分“征战”内容最为丰富，篇幅也最为宏大。除著名的四大降魔史——《北方降魔》《霍岭大战》《保卫盐海》《门岭大战》外，还有18大宗、18中宗和18小宗，每个重要故事和每场战争均构成一部相对独立的史诗。

格萨尔王在藏族的传说里是莲花生大士的化身，他一生戎马、降妖伏魔、扬善抑恶、弘扬佛法、传播文化、南征北战，统一了大小150多个部落，岭国领土始归一统，成为藏族人民引以为自豪的旷世英雄。

作为一部不朽的英雄史诗，从生成、基本定型到不断演进，包含了藏民族文化的全部原始内核，具有很高的学术价值、美学价值和欣赏价值，是研究古代藏族社会的一部百科全书，被誉为“东方的荷马史诗”。至今仍有上百位民间艺人，在中国的西藏、四川、内蒙古、青海等地区传唱着英雄格萨尔王的丰功伟绩。

布由家族

⊙称多大地散落的为数不少、年代不详的古藏式寨落，对我有着不可言喻的吸引力，我总是满怀敬畏之心凝视他们，只有读懂了他们，我才可能拿到真正通往康巴藏区的通行证，正如苦痛和磨难，在很大程度上是美的价值所在。他们熟悉大地的肌理，深谙山的脾性，对江河的流向有着充分的信任感，因此也就自然而然地成为自然的部分，而不只是供人观赏评价的景观，这种天人合一的境界，是称多康巴藏人经年累月与自然磨合的产物，已经成为藏地历史和生活的最为鲜活的部分，蕴藏着神秘不可知的推动力。

我至今仍然对这里的古藏寨记忆犹新。在称多的群山与河谷之间，分布着大大小小的藏家村落。三江源这片得天独厚的生态环境，山水环绕、草场密集，让世代居住在这里的藏族人民受益匪浅，创造了美丽古朴、依水而建的传统藏式村落。位于嘎朵乡的布由村，更是使我对藏族民居佩服不已。车子沿着滚滚的通天河谷迤逦前行，到达村子后，只见古老的石屋村落屹立于山脚之下，一幢由密密麻麻的片石垒砌而成，配以木制门窗的四层藏式古楼在村落中央格外引人注目。抬头望去，气势恢宏，倍显大家风范，这应该就是我仰慕已久的布由加国古楼。

这座古楼是布由家族的历代居住之地。古楼里面居然有四十八间房，一看就知道曾经是大户人家所居住的。各个房间功能分区明显，依旧保留着昔日的装饰与家具。这里的房间最底层是主人的仓库、畜棚和朝圣者的借宿所，能专门为长途跋涉的朝圣者提供独立借宿房间的家庭在藏区并不多见，但无论是贫穷或富贵，在信仰面前人人都是一样的。来到第二层，这是主人的巨大粮仓，有粮库、牛粪房、石磨房和酿制酸奶房。为什么主人要专门用一间房来储存牛粪呢？牛粪在西藏并不是牦牛肮脏的排泄物，而是当地财富的象征。由于高原的气候干燥，牛粪很容易就风干，干牛粪易燃且燃烧起来气味不大，实乃天然环保的燃料。在藏区，只要你路过一些村庄或集镇，便会看见许多圆饼形的牛粪一排排贴在墙上，或是众多牛粪叠成一座座堡垒般的牛粪堆。这些并不是刚拉出来的新鲜牛粪，而是二次加工的，待草原上的牛粪经过日晒风干后，藏人们便拾起加水软化，放上适当的干草或黄泥，捏成圆饼状风干，所以臭味并没有多大。至于说牛粪是财富的象征，不仅作为燃料是一种财富，牦牛多也是财富，牦牛越多的家庭自然牛粪也越多。小小的牛粪，我们大多数人可能视为垃圾，而在燃料缺乏的雪域高原之上，牛粪却是藏家人的日常生存保障和宝贵财产。这世界真是一个矛盾体，最平凡、最污秽的东西，恰恰也是最宝贵的东西。事物没有绝对的好与坏之分，你所处的位置不同，看到的也便不同。

继续往楼上走，是主人生活起居和贵宾居住的场所，藏人们非常善于表现美，对于家里的装饰也很讲究。藏式雕刻的木柱及门窗、造型独特的木桶、古朴的四脚木柜、藏族简易牛皮箱……古老又不失精致的物件都规整地放置在这里。可以想象当年布由家族风光的时候，这里的装饰在藏区来说是何等的豪华。室内的墙壁上，绘以祥云、鲜花等图案，所有物件的色彩以土地的黄色、天空的蓝色、云朵的白色、河水的绿色以及火焰的红色这几种自然之色为主，这也是藏族传统文化中五色经幡的色彩。四楼则是布置讲究的经堂，这里非常干净、美观。诵经、礼佛以及邀请当地活佛到家祈福念经，是藏人必不可少的家庭佛事活动。综观整个藏区，不管是贵族还是平民，在自家的住宅内都有供佛的设施，大到经堂，小到供案，这也是藏地民居区别于其他地区民居最显著的标志。整栋楼将传统藏式民居的功能完美呈现，几乎现在藏区石砌的民居都是按这种结构修建的。顶层经堂、中层住人、底层养牲畜，这种天神、人、自然界的万物共存生态观，在藏族建筑文化里体现得非常明显。

布由加国古楼目前只有藏族老人德庆巴姆和她的家人居住，她给我们说起了她家的传奇故事：布由家族的祖先最初是一对乞讨的母子，因敢于冒险、走南闯北做买卖，在历经各种磨砺与挫折后，最终从穷困潦倒的乞丐成为当地声名显赫的商业大亨。这个故事成为康巴人经商有道、创业奋斗的励志典范，而这栋古楼名叫“加国”，也是当地藏人对贵族或富豪的美称。我们太多的人都渴望成功，自身条件也比乞丐好太多了，但是多数人却急于求成，没有一步一个脚印地前行，失败一次便自我放弃，还抱怨是自己的命运不好。但想一下布由家族，还有什么比从穷苦与危难中走出来，一步步成为后人敬仰的巨商的故事更令人值得学习与借鉴的呢？穷困并不能代表什么，失败也并不可怕，可怕的是失败的同时，你连希望也彻底丧失了。

可能是由于康巴人热衷经商的血统，也可能是布由村的交通落后，越来越多以前住在村里的居民为了方便做生意，纷纷搬迁，住到交通更通畅、经济发展更好的其他村落去了。德庆巴姆告诉我们，以前村里还有三十多户村民，现在只剩下一栋栋废弃的石房和她们一家留在这里与山水为伴。她也有想过去更好的村落发展，但始终舍不得离开，因为布由加国古楼是祖先辛苦打拼下来的，也是生她养她的地方，她答应妈妈会继续守护着这栋家族古楼。这既是一种责任，更是一种荣誉。德庆巴姆握着转经筒，深情地仰望着这栋历经沧桑的房子，眼里透露着希望与光芒。

正因为布由家族子孙世世代代的坚守，布由加国古楼才能成为玉树境内至今保留最古老最完整的历史建筑和规模最宏大的民居建筑遗址。我相信德庆巴姆的这种坚持，是她祖先流传下来的家族精神与血脉文化。而这份信念，也会让来过布由加国的人重新思考家族传承的意义。

碉乡人家

⊙ 如同它的高度一样，有着格萨尔王传奇的康巴大地从来就拒绝平庸，称多更是这传奇的绝对主角，出乎意料的是它更愿意用一座座通天河畔的古老村落平静地诉说。

在欣赏完庞大的布由加国古楼后，第二天我们驱车前往穆秀古寨，这是玉树地区保存最好的古藏族民居建筑群。古寨同样位于嘎朵乡，已有一千多年的历史，至今还生活着四十多户人家。因地处三江源地区，沿山而建的古寨恰似一座重重叠叠的城堡，加之复杂的建筑结构，当地人称它为“神秘的江源古堡”。

当我们穿梭于穆秀古寨中，密密麻麻的街道使我们直接迷了路，手机地图根本没有村寨里具体的路线。要不是当地人指引，我们都不知道要走到哪去，很可能今晚就回不到宾馆了。后来了解到，这里的布局是在古寨的中心四面辐射出多个封闭的出入口，而每个出入口又以多条甬道组成密集的地下网。古寨内每家每户挨得十分紧凑，墙与墙之间巷道幽深，当地居民的活动场所更多是在屋顶上，屋顶成了晾晒粮食、休憩聊天的场所。正是因为这里的道路错综复杂，因此在古代战争时期，有着极强的防御性，易守难攻。如果敌人从外面入侵，村民通过迷宫般的暗道牵制住敌人，并躲避在民居与屋顶中进行伏击，有“一夫当关，万夫莫开”的作用。穆秀古寨军事与居住功能的合二为一，应该就是最初建寨的原因。

藏式民居主要有两类，一类是碉房，一类是帐篷。用片石砌成、外形下大上小、酷似碉堡的便是碉房，穆秀古寨就属于典型的碉房。不得不佩服藏族人的智慧，只用石头与木材，就能筑成防风防寒、坚固美观的民居。他们善于运用现有的自然资源，因地制宜，就地取材。多数碉房依山傍水修建，靠山建房能起到防大风和寒流侵袭的作用，也和中原地区的“找靠山”之说不谋而合，临近水源也能便于居民日常生活的饮水、用水。建造房屋的材料也是取之自然，村民们修建民居时，凭借代代相传的匠人经验，既不使用建筑图纸，也不用砖块水泥，选择又薄又宽的片石，稳稳当当地垒砌起来，每块石头之间用黄泥进行连接与铺垫，让整个房屋的墙体变得结实稳固。当我们还在感叹国外石砌技术成熟的时候，藏族人民在千年前就已经把石砌房屋研究得炉火纯青了。

看着这一栋栋用石头筑成的房子，无不表现着建筑者对大地的敬畏与热爱，整个古寨就是一个原生态的石头之城，行走在巷道之间，仿佛穿越了千年。无论时光如何流逝，这里的建筑都无惧时间的考验，因为自然是不朽的，石头也是不朽的，它不会生锈、不会腐烂、不会被浸湿。古寨的风景在一千年前是这样，在一千年后也还是这样，这种现象在当今的城市里是不可能看到的。狂风无法记录历史，雨雪也无法记录过去，只有石头能记录那些或辉煌或暗淡或和平或战乱的历史。我欣赏石头的永恒，更欣赏修筑碉房的匠人们。成为匠人不难，但拥有匠心却不易。与其说是石头给予了他们赖以生存的家园，不如说是他们用智慧与勤劳，赋予了石头新的属性。一块块平凡的石头，经过匠人的双手，就变成了挡风遮雨、坚固温暖的房子。我想，藏族匠人们喜爱用石头建房，就是因为石头和他们的信仰一样，如磐石般永恒，坚不可摧。

糌粑狂欢

⊙ 从容不迫，互为空间，这些称多大地上散落的古藏寨落最为显著的特征孕育了通天河流域称多康巴藏人豁达乐观的性格，这总让我有种莫名的感动，即使我们语言不通，也构成一种精神上的血缘关系，这使得我对他们的一切劳作和娱乐充满敬意。

在嘎朵乡的另一个村落里，这里每年都会举办一个以食物作为庆祝主题的节日——糌粑节。越野车顺着通天河，到达了卓木齐村，村名用藏语翻译过来是“人多而大的村庄”。的确，这里山水环绕，土地肥沃，牧草充足，养育着村里两百多户居民，相比其他藏族村落，这里人丁算是比较兴旺的了。

因处于唐蕃古道干线，村里自古便有许多远道而来的商人从事商贸活动，带动了卓木齐村的经济发展。每年藏历二月二十号，村里更是人声鼎沸，从其他村过来的藏人和四面八方赶来的游客，将会在这一天参加一年一度的糌粑节盛会。糌粑有点类似我国北方的炒面，不过与炒面的先磨后炒不同，糌粑是先炒后磨。将青稞炒熟后磨成的粉，一般兑上酥油茶搅拌后，用手捏成团来吃。这种食用方法很适合藏人们出门游牧中及时补充能量，只需带上木碗，腰束一袋糌粑，弄点茶水就能吃饭了。青稞的营养价值比小麦更高，在高寒缺氧地区是最佳的主食。

活动开始前要先祭祀神鸟，神鸟被供奉于格秀经堂内，相传是嘎朵觉吾神山的管家，颈部挂着一串能开启神山智慧、健康、幸福和财富的钥匙。所以，糌粑节就是当地人祈福风调雨顺的春耕祭祀民俗活动，它同我国大部分农村的春耕祭祀、试犁的习俗一样，都是祈求庄稼消灾免病、五谷丰登。糌粑作为藏族的主要食物来源，人们感谢上苍让青稞丰收，也就有了这个节日。

通过一系列的歌舞表演以及煨桑祭祀神鸟的活动，糌粑节便拉开了序幕。糌粑节的重点并不是人人一起吃糌粑，而是狂欢至极的“糌粑大战”。随着一声声“拉加罗”（藏语为“祈福”之意），人们带上装满青稞面粉的袋子聚集在广场上，大家你一把、我一把地抓起糌粑，抛洒在空中，这场“战役”

就这么打响了。开始先是广场上的一部分人互相抛洒，随后围观的人们也被牵扯到了“战火”之中，从广场一直延绵至整个村庄里。大家互相追逐，抛洒糌粑，粉末在空中飘散，犹如仙雾氤氲一般降临在他人身上。参加大战的人们，有年迈的老人，也有刚上学的小孩，连僧人们也都参与进来了。如果你刚过来，一脸洁净，那么你很可能就是被“集火”的对象。我本想多拍几张照片，可是看这个场面，为了不让相机“牺牲”，干脆放下相机，参与到这场糌粑大战中。有人戴着口罩，偷偷朝周围的人撒上糌粑，然后机灵地跑开；有人一直对另一个人穷追不舍抛洒面粉，不承想追到拐角处却被另一个人突然反击；还有人则是被几个朋友不停围攻，当他一身洁白之后，又同其他人围攻下一个人。欢笑与尖叫声伴着纯白色的糌粑粉末在空中交织着，整个场面精彩又刺激，兴奋又开心。待一个多小时的糌粑大战结束后，整个村子被染成了雪白的颜色，与远处的雪山交相辉映，卓木齐村瞬间变成了雪国，而村民们也都成了白面的“雪人”。

糌粑节有一点像印度的洒红节和傣族的泼水节，均是通过抛洒的形式带给别人吉祥与幸福。村民们认为，被撒到的人在这一年会顺顺利利、健康快乐，身上的糌粑越多，你得到的祝福和好运也会越多。这种将祝福化作实物洒在对方身上的方式，其实是非常有意义的。我们许多人每到逢年过节，都喜欢群发短信、微信，复制一长串的祝福语发给朋友，既没有诚意，花哨的长篇祝辞很多人根本不会一字一句地去看，有礼貌的人会回复你一句，懒的人直接把你的祝福语忽略掉。不真心的东西，群发几百人也是徒劳。真心的东西，就像糌粑一样，再简单平凡也会被别人看到。祝福的形式可以有很多种，无论哪种形式，都少不了一个字——真。

古藏寨落

⊙ 对于每一个想要了解称多的人来讲，称多的古寨落都有着不可抗拒的吸引力。古老而神秘的古寨落被茂密的树木所环绕，庄严地矗立在高低错落的地势上。蜿蜒的小路连接着一座又一座的寨落，也连接着康巴藏人的血脉。世世代代生活在这里的人民，守护着这里的每一寸土地，他们通过自己勤劳的双手，不断建造着属于他们的称多，成就这片不平凡的土地。

我走在古寨的小路上，迎面跑来几个相互追逐的孩童。他们跑着，跳着，笑着。明亮的大眼睛闪着单纯的光，透着年轻的朝气，扑面而来的是最无忧无虑的光芒。那一刻，我露出笑容，仿佛自己也如同这些孩童一样，所有的尘世喧嚣与我无关，所有的喜怒哀乐也离我遥远。没有功利成为我的羁绊，没有苦痛成为我的折磨，没有过去也不贪恋将来。我就是我，听从内心的呼喊，纯净而自由。我成了天上白净的云，在自由奔跑，追寻我想去的地方；我成了水中的鱼，在随心穿梭，感受顺势也感受逆流的力量；我成了林间的树，在茁壮生长，感受阳光的温度，也感受风的吹拂。

炙热的光照耀着这片古老的土地，滋养着称多的一草一木，也温暖着剽悍而友好的康巴藏人。也许是和当地的藏人一样，称多的树木也有着坚忍不拔的顽强意志，在低温和早晚温差较大的恶劣环境下也生长得郁郁葱葱。我佩服称多的藏人，也对称多的植物有着某种难以名状的敬意。我惊叹于自然的力量，创造出这样的奇迹，也感动于来自生命的强大力量。

下雨时的古寨就变得十分秀美了。白色的墙体被雨水冲刷得干干净净，雨水顺着屋檐向下滴落，像一串串珍珠，将天空与称多连接起来，这便是称多与神明相隔的距离。下雨时的称多比平时显得更加神秘，在古寨的家里透过窗户欣赏着屋外的景色。绿色的树木在雨中颜色更加明亮，五颜六色的花朵在细雨中被滋养得更加艳丽。这是一座多彩的城，也是一座热闹的城。雨滴落在土地上，裂成几瓣，沁出了泥土的清香气息；落在古老建筑的石像上，拂去它表面的尘，也冲刷着康巴藏人的尘土；落在这沧桑的城，在碰撞中敲出动听的音，让一代又一代的康巴藏人热爱这片土地，吸引一批又一批虔诚者接受文明的启迪。

我想这是自然对于称多的馈赠，也是神灵对于人类的庇佑。长江、黄河皆发源于此，它们默默流淌，孕育着无数生命。就如同这座古老的城，在漫长的历史长河中，默默地传承着最原始的文明，在中华大地上开花结果，散发着独一无二的魅力。我无法用言语形容它们的伟大，这让我们引以为傲的中华民族几千年灿烂文明，拥有着代代传承的魅力。这绝不仅仅是光靠传授就可以做到的，更多是这种文化自身的魅力，使它成为人民的信仰，才能不断被子孙后代认可，代代相传。

在称多可以见到手工作坊，藏族姑娘在长辈的指导下，一步一步地开始学习纺织技艺。在快节奏的今天，手工的生产速度远远不能满足人民日常的生产生活需求，机械化生产便顺理成章地成为主流的生产方式。不过，在高速发展之后，传统的手工业便受到不同程度的压力。有些传统的手工制品已经走向衰落，甚至手工制造已经消失。诚然，高效的生产可以带来高昂的利润，可以在短时间内满足人民的需求。但是这种方式永远不能蕴含传统制造的温度，也不能达到传统手工的工匠精神下的精细品质。称多的文化传承依旧在继续，也幸好在不断地延续下去，作为中华民族特有的藏族文化。藏民在一针一线下能勾勒出称多的轮廓，雄伟壮丽、人杰地灵；在一个又一个节日中，表达着藏民对生活的祝福，对美好的期盼；在古老的文字中，浸透着先民的智慧和来自远古的声音。

中华民族拥有悠久的历史和灿烂的文化。博大精深、底蕴深厚的中华传统文化，生生不息，在人类文明的历史上独树一帜。中华民族自古是个多难的民族，自古的阶级统治，剥削着勤劳勇敢的人民，在一次次推翻阶级统治之后，又被帝国主义侵略。在全国人民奋力抗争之下，终于迎来了民主和谐的社会环境。在这段屈辱历史之后，我们看到了中华民族的强大韧性，也骄傲于流传上下五千年的中华民族精神，不屈不挠，迎难而上。

在一次次思想的碰撞下，中华民族的文化没有被消亡，也没有被同化，反而变得越来越丰满。对待其他的文化，中国人民取其精华，去其糟粕。发展着属于中华民族的文化。世界上也再没有一个这样包容的民族，这样强大并且坚定的民族。一次次磨难没有压垮我们的脊梁，反而让我们变得越来越强大，屹立于世界之林，开创着美好的时代。

古寨中的藏族是古老的农耕与放牧民族。在称多这片土地上，勤劳的康巴藏人用双手种植着来自神灵的馈赠——青稞。我常常想，是否因为这里的藏民十分虔诚，神明将各种

罕见的植物与动物馈赠给他们，让他们能够见识到一般人见不到的奇珍异宝。又或许是这里的植物与动物也受到神明的洗礼，变得与藏民一样独一无二，充满自身坚韧的意志。青稞可以在海拔 4600 米的高山上依旧存活，藏羚羊、白唇鹿、野牦牛也不畏惧残酷的自然条件，选择在这里繁衍生息。它们与藏民相互守护，依托于高山绿水，见证着称多的发展，也见证着历史的兴衰。

绿色的青稞生长在称多富饶的土地上，阳光炙热地洒在上面，闪耀的微光有些刺眼。轻风拂过，一株株青稞在细腻的摩擦中沙沙作响。被吹弯的腰再慢慢挺直，继续努力向上生长。这就是强大的生命力。壮硕的藏民在田间辛勤劳作，欢快的鸟鸣在树林中回荡。不远处的山坡上，几个年龄相仿的十几岁的孩子在帮家里放羊。

在藏族文化中，反省、思考和悔悟贯穿着整个藏民的一生。促使着藏民成长，也促进着整个称多藏族文化的持续进步。我想，对于每一个来到称多的人来说，用游玩来形容都是肤浅的。在这里，山变得耸立，树变得挺拔，水变得汹涌。自然的景色也变得有独特的内涵和精神。这就是称多，你会自然地融入整个环境之中。沉淀自己的生活，感受来自心底的宁静。我多想时间就静止在这一刻，站在古寨的高处远眺。和煦的光照在身上，温暖着身体，也让我的灵魂炙热。耳畔的经声和鸟鸣回荡在广阔的空中，严肃中夹杂着几分热闹。这是古寨的声音，这是称多的声音，也是整个生命的音符。矗立在几千年深厚文化底蕴的土地上，感受着这片土地和岁月带给我最真实的感动。

当历史的车轮不断向前迈进，时光的风浪并没有给这片祥和的土地造成巨大的波澜。我们常常被古人对于生命的尊重所折服，也被他们的优秀文化和礼仪所感动。透过这些古老的传统，我仿佛透过时间的光，探寻到了他们来自心底对于和平与安宁的期盼。

曾有诗人写道:“那一天，闭目在经殿的香雾中，蓦然听见，你诵经的真言。那一月，我转动所有的经筒，不为超度，只为触摸你的指尖，那一年，我磕长头匍匐在山路，不为觐见，只为贴着你的温暖，那一世，我转山转水转佛塔，不为修来世，只为在途中与你相见。”对于称多，我也有着同样的感情。怀着忐忑和兴奋的心情来到这片土地，不为超度与悔悟，只为感受称多的神秘与伟大，只为寻找内心的宁静，只为探寻着古老的城，只为在这不长的人生岁月里，不留遗憾。

〔当龙家族府邸〕

当龙家族府邸，位于称多县称文镇当村当龙社，是称多县境内现存的藏式古建筑，据说已有760多年的历史。房屋建筑面积为520平方米，屋内房间有21间，建筑总体保存完整，属于藏式碉楼，石木结构，装潢华丽，木板画及壁画都能够反映出当时藏族古建筑的特点及风貌，有利于进一步探索和研究称多地区的文化艺术背景。虽然家族几代都居住此房屋内，但没有任何的人为破坏。房屋因年代久远，多处受损和老化，一些壁画和门窗都已经褪化和变形。从2001年至今，已有非常多的国内外文物专家前来参观和考察。

〔郭吾古堡〕

相传格萨尔王的大将嘎·曲灵白纳在此放置了两块大岩石，后来当地人在此居住之后，用大石上散落的小石块砌成了房屋。久而久之，就形成了碉楼式的藏族古堡建筑群落——郭吾古堡。

〔木索村〕

嘎朵乡木索村位于藏区四大神山之一的嘎朵觉吾腹地，三江源头，地处通天河东岸谷高山地，野生动物极多，药材遍地。木索村有雄伟壮观的碉楼，风格古朴粗犷，坚实稳固，结构严密，楼角整齐。古人云：上有龙宫，下有木索。木索村是一个非常美丽富饶、历史悠久的古村落。

古寺经声

⊙ 来称多这么多天，我不止一次地想做彻底的停留和漫无目的的游荡。蓝天白云，峰峦起伏。古朴的老街上，汽车喇叭不时地响起，却有一种发自内心的安宁自在。游荡在街上的诵经人，让人在倾听真实自我的同时，也能更真切地听到那些最虔诚的声音：围绕在朝圣者唇齿的祷告声、远处古寺传来的敲钟声和通天河水浩浩奔流的拍打声。

我追随着朝圣者的脚步前行，将一切凡尘往事抛诸脑后，这种自由的愉悦是一种遗失的感觉，熟悉却又回忆不起曾经的画面。四面八方的诵经者越来越多，朝着一个方向前进。而来往的游客和虔诚的信徒不断擦肩而过，看见这些游客的面容笑颜清朗，我的心开始抑制不了加速前行的脚步。在前方的那个未知的目的地，我相信那是孕育这片充满勾人心魄文化的文明之源，也足以将我这颗在凡尘滚打的心灵憩息。

但我始终没有超越前方信徒的脚步，也不敢稍加停留，如往昔将视觉的焦点落在沿途的风景。我的心里开始追随诵经者的吟唱，嘴上却吐不出具体的经文。这一刻，我感觉到佛祖住进了我的心里。

前方的角落，有一个转经的老人坐在那里。老人眯缝着眼睑，虽然毫无表情，目光却清凉明澈，似乎有洗净沧桑的平和。老人转着经筒，时间和周遭的事物仿佛俱已不在，坚定地注视着远方。抬头望去，一座巍然的大山正屹立面前，如同佛祖慈悲，投下悲悯众生的目光，见芸芸众生、红尘百态，而泽被世人。山下，是称多县境内规模最大、影响面最广的格鲁派寺院——赛康寺。

佛音响彻如云，穿透寺庙。僧人从四面八方不断涌入，聆听活佛授经布法。我循声而去，寺庙高墙内院，宝像庄严，只见大殿广场上僧人闭目诵经，甚是壮观。诵经者清音喃喃，闭目聆听，一切凡尘之声都戛然而止。在现场，信仰的力量足以让人心灵的感悟和震撼。

人世和天国，我究竟身在何处？回想这些年来，我去过了无数的藏区，祈求能够探寻出生命的真谛，而在称多的佛音里，我忘却了人间烟火，也无法忆起世间的快乐和痛楚。生

命的意义真的值得我们不断探索吗？痴迷其中，我只感受到佛好像就在我面前，脑中一片空白，犹如羽化登仙。

关于生死轮回的人生奥义，这大抵成为许多外来旅游者前往藏区的目的。我也常常因此游历，一是想看祖国大好河山的壮丽山水，和形形色色的文化分部；二是想要找到一个“和神对话”最近的地方。我曾经以为我已经找到了“神的所在地”，但此番和称多的邂逅，才让我感受到和神最近的距离。

“轮回”并非是说有一个独立和不变的实体。而是以一种其他的形式存在并延续，这种延续指的是更细微的层面的延续，而并不是单纯的复制。如同称多的佛教文化，它延续着藏族佛教文化的传统，也有着自己独树一帜的内容。

走出寺院，重回现实之境，恍如隔世。赛康寺作为称多县境内规模最大、影响面最广的格鲁派寺院，宏伟的建筑，绚丽的瑰宝，昭示着藏传佛教那令人震撼的永恒魅力。而在称多，这个不足十万人口的青藏高原东部腹地之上，还有同为格鲁派大寺的拉布寺、萨迦派的嘎藏寺以及大大小小的寺庙共同弘扬佛法，普度众生。

一辈子太长了，而活在世界上最可怕的是潦草余生，在漫漫长夜里，去祈求佛祖的恩赐。但在称多古寺的来去之中，我仿佛经过了几世，那些过往挥之不去的惆怅，一切都成了毫无意义的执着。有时候就是这样的，重要的东西总是会迟来一步，无论幸福还是生活。

藏地景物的巨大尺寸是人世间模拟的天堂，回荡在高原上的古寺钟声和经久不衰的诵经箴言，隐匿着佛祖慈悲的教化。虽然，身为外来旅客的我们无法听懂吟诵经文的真实意义，但长居在此的藏族同胞们，始终沐浴着佛光的洗礼。那些朝拜者的歌声，无时无刻不在启迪着他们的灵魂。

天堂在常人眼里或许只是一个抽象的概念，是对于美好生活向往的幸福模拟。然而称多是如此自然地将其具象化，对于藏人而言，口诵六字箴言，感受古寺经声的洗礼，佛的光芒便可射入他们的灵魂，温暖他们的躯体。

而我，在这短暂的停留中，梦与现实的界限也变得混淆，忐忑的心灵和疲倦的身躯也得以安顿。有生之年一定要遇见称多，你就会明白，遇见天堂其实并不需要多勇敢，听取古寺经声，去沉淀升华人性的光辉。

百花深处

⊙ 佛音毫无疑问是康藏大地上最为动听的声音，称多的佛音却最为悦耳，或许是嘎朵觉吾的母性，或许是江河柔情的滋养，称多大地的佛音如同江河为琴弦，旋律空灵，层层递进，混淆着人世和天国的界限，这一点不断在赛康寺的诵经声中得到印证。

大大小小的寺庙与佛塔，星罗棋布地分布在美丽纯净的三江源土地之上，日月星辰，白驹过隙，这里的经声年复一年地传唱着。

从扎多镇向西沿公路前行，便是赛康寺，这里是嘎朵觉吾神山转山的起点，也是称多县规模最大、影响面最广的格鲁派寺院。下车后，便可以看见坐落于山脚下红白相间的庞大寺庙群。红色的屋檐与白色的墙体大胆撞色，金色的屋顶映着阳光熠熠生辉，黑色的幔帐在门窗前随风摇曳，翠绿的青山与湛蓝的天空将整个寺庙衬托出来，形成对比强烈的色彩，犹如一幅色泽明丽的油画。凹凸不平的墙面泼上白色颜料，把藏族人与生俱来的旷达洒脱性情和高原之美表现得淋漓尽致。他们的艺术细胞是天赋异禀的，寺庙就是这种艺术的最佳代表。选用红白两色搭配也并非巧合，糌粑、酥油茶与牦牛奶是白色的，而高原上食用的牛羊肉则是红色的；天上的云朵与雪域环境是白色的，温暖的太阳与火种则是红色的。红白两色作为寺庙的主色调，也是一种古老藏族文化的延续。

在这里，我有幸认识了一位“花痴喇嘛”索昂贡庆，他平时的爱好就是在觉吾山间观察花草、给花草拍照。他曾经是赛康寺的寺管会主任，由于太过于热爱花草，2005 年辞掉了主任之职，一心研究植物，成为一名职业“花痴”。几年间，他的足迹遍布在山里生长花草的地方，通过拍摄植物、请教当地藏医和老师相关知识，著成了《嘎朵觉吾神山植物乡土档案》一书。书中，他把山里的各类植物进行归类，从摄影图集、植物名称到习性、用途都有详细的图文并茂介绍，希望通过这本书让当地牧民了解植物、保护植物。为了便于牧民们理解，他还附上了花名的传统叫法，比如治果梅朵，花名之意是“牛奶最多的时候”，这也很形象地表达出这朵花的花期是在牛奶盛产时节。还有换毛花，是羊换毛时开的花；羊羔花，是小羊羔断奶时开的花。这样，从通俗易懂的名字就能直接了解到花的主要特性了。

他说，在佛学中植物属于无情众生，也就是没有情感的生命，所以牧民对动物的保护要远远大于植物。虽说藏族人自古有着敬畏自然的传统，但很少有人把这个传统与不随意采挖花草联系起来，强调生态保护、环境建设的观念更是少之又少。大多数人分不清一年生与多年生植物的区别，都以为采摘了，第二年仍然会继续生长出来。这导致一些牧民和转山的信徒在觉吾山里过度采挖草药，致使觉吾山中的花草品种日益减少，有的甚至面临消失。正是因为这个原因，他创立了嘎朵觉吾神山自然保护协会。由于觉吾山下的土地与草原非常广阔，索昂贡庆采用不同地区的牧民进行不同区域监管的模式，比如藏地白木生长在一位牧民家附近，这位牧民就负责这片区域藏地白木的保护，若有人路过准备采摘，他便上前劝阻，使更多人意识到自然生态保护的重要性。

从最开始只是单纯喜欢觉吾山里的花草，再到植物摄影爱好者，最后到植物保护协会会长。他与植物的关系发生着微妙的变化，植物已经成为他的朋友。每年他最兴奋的时候，就是在山中寻觅红莲花，红莲花学名叫作红花绿绒蒿，一个老藏医告诉他，在上世纪四十年代，觉吾山遍地都是红莲花，而现在只有寥寥可数的几朵花散布在山间，一说到这里，他的心情顿时低落起来，这也更加坚定了他保护觉吾山中植物的信念。

索昂贡庆不仅是爱花之人，更是惜花、懂花之人。看见花凋谢，他会难过；看到花开，他会欣喜。花的气味、颜色、形状，他都一一记在脑海里。一个喇嘛竟能如此痴迷于花，这不就是佛教中的大爱文化吗？爱的最高境界是大爱，你可以去爱一个人，爱一只狗，甚至爱一朵花、爱整个自然……无差别地对待世间万物，无论是人、动物还是大自然，每一个个体都值得被尊重与呵护，这就是大爱无疆。花痴也好，喇嘛也罢，唯一不变的就是内心充满着爱，这也是世界上最美最永恒的主题。当你真正用心去爱这个世界，世间所有的美好都会与你相遇。

在贡庆的世界里，他就是一朵与众不同的花，从花里面，他可以看到整个世界。我想起了一部电影《心灵印记》，一对伊朗的新婚夫妻前往印度旅行，寻找传说中能展现人生命里某些奇迹的圣人，他们经历了许多事情，最后找到了一位牧羊人，这个人就是他们寻找的那位圣人。他给了这对夫妻一张纸条："我已经穿过了七个大洋，翻过了七座大山，越过了所有的山谷，行走在大地，无论春夏秋冬，我都在世界上环游，当我回到家时，我很吃惊——在我的一小块花园里，我发现了整个世界。”当你拼命想四处寻找的真理，很可能就已经在你的身边。你有去闻过你家附近草丛里的小花吗？你有带着旅行者的好奇心去认真地走一走你的家乡吗？你有发现过身边那些再平凡不过的细微感动吗？当我们竭尽全力奔赴远方，殊不知你所处的这里也是别人眼中的远方。贡庆就是在他的身边发现了美，在花中看见了远方，也找到了自己人生想要追寻的东西。可能这辈子他都要与神山里的花草为伴，可能他再也不会去任何地方了，但是人生的真谛就在他与花草相处的点滴里面，整个世界就在那一朵烈焰般的红莲花当中。

一花一世界，一叶一菩提。

赛康寺让我念念不忘的佛音，便是花与佛的对话。

石经之城

⊙ 把惩罚演绎为自我救赎、自我觉悟，这是一种多么动人的智慧！这是一种多么美丽的惩罚！我想这也许就是康巴藏人的魅力所在吧！

扎多镇附近有一个许多参观者都不知道的地方——邦日朵卡石经城。从镇上出发，大约行驶了 15 公里的路程，我便看见了这座古老的石经城。一块块片石垒砌在一起，组成了一排又长又宽的石堆堡垒，片石之间没有用任何泥土黏合，纯粹是石头层层堆叠起来的。我一开始以为石经是刻在石堆堡垒里面的墙壁上，结果问了朋友才知道，这些片石就是石经，每一块石头上都刻着经文。整座石堆堡垒由一页页石头经书堆砌而成，石经城就是一座气势壮观的巨型玛尼堆。

石经的故事要从清代光绪年间说起，蒙古尔津族的百户逝世后，其姐姐白利暂时接任百户一职，白利的儿子公却昂江长大后，正式继承了舅父的百户职务，并从蒙古尔津族内分离出来，自称邦日丹玛部落，而现在的邦日朵卡石经城，就是解放前邦日丹玛部落的属地。在清朝咸丰年间，竹节活佛圆寂，转世在蒙古尔津族，蒙古尔津族百户的弟弟成为竹节寺的喇嘛，此后邦日丹玛部落便开始信奉竹节寺噶举派教义。又过了一些年，邦日丹玛部落的百户仁青才江开始广泛推崇佛教，部落实行了新的刑法制度：取消重刑主义，只根据违法情节的轻重让违法者在石头上凿刻经文，情节较轻的人凿刻的石头经文就少，反之亦然。如今我们看到的石经城，便是当年违法者所凿刻的石经堆砌而来的。

在古代，重刑的确可能会减少违法事件发生的概率，但治标不治本，人们不做违法事情的原因多是出于害怕重刑，而不是出于犯法会对他人造成一定的伤害。凿刻经文这种与众不同的惩罚方式，在当时来说无不体现着统治者宽厚仁慈的文化精神，既能对违法者进行一定的惩罚，又可以让违法的人在凿刻间，将经文熟记于心，不断反思自己的错误，从而改过自新。凿刻经文的时间越长，人的内心会越容易安静下来，对于我们来说，是不是也可以通过类似的方法来修心呢？不会凿刻，我们可以试着写字。我想起了一件令我印象很深的事：有一天闲得无聊，我心里顿时冒出写字的想法，于是拿出笔和纸开始写字。可令我非常惊讶的是，因为长期使用电脑写作与打字的缘故，我忽然变得不会用笔写字了！握笔时没有力度，写出来的字东倒西歪，完全和以前写的字大相径庭。我开始思考，当电脑、手机已经代替了许多人的纸和笔，我们还会像读书时一样简单地去书写吗？此后，我每隔一段时间都会拿笔在本子上随意写写，那种笔与纸张摩擦碰撞的触感，那种不喜欢便随手划掉字的快感，那种有条不紊、一笔一画书写的怡然自得，让我的心境很容易就平静下来。享受书写过程中的乐趣，便是修心的最好方式之一。

在石经城的墙角，放着许多大块的片石，上面刻着彩色经文，站远一点儿望去，就像一排精美绝伦的雕刻作品。石墙旁边建着几栋放着转经筒的石屋，供来此转经的人们使用。信仰把朝圣者聚集在一起，并赋予他们内心的安定与平静。城墙的一头有着大大小小的佛龛，里面放着不同的佛教画像，好似在参观艺术展览。我也跟着当地人沿着石经城转了三圈，细细回想着当年人们凿刻时的情景，当时他们或许并不知道，自己因被惩罚所刻的石经，会在百年后成为人们叹为观止的景观，成为一代代信徒转经朝拜的圣地。这群人刻下了经文，更刻下了文化奇迹。时间的年轮会继续前进，走在这座承载着历史烙印的石经城，伴着意犹未尽的凿刻故事，我的耳边仿佛响起了阵阵梵音。

画上禅意

⊙ 直到我与格秀经堂相遇，在沧桑斑斓的壁画里与佛的目光相遇，刹那间我明白了阳刚的康巴人慈悲的选择。在康巴大地，自然、人文、宗教是不能分离的一个整体，也正是这样的融合所造就的精美绝伦的文化使得他们有了傲视时间的力量。

佛教与艺术创作，向来都是不分家的。哪里有佛教，哪里就会有绘画、雕刻、文学、建筑等艺术文化的出现。卓木齐村的格秀经堂就保留着一大片金碧辉煌的壁画群，堪称康区的“小敦煌”。听当地藏族朋友介绍，这些壁画是元朝时期出现的，至今已有 1200 多年的历史。来到经堂内，每一幅壁画都线条优美、技艺精湛，如同走进了时光画廊，重温着这些壁画的传说。

这里的壁画以佛像为主，人物风格迥异，色彩层次分明。尽管一些壁画在岁月的流逝中，画质逐渐斑驳，眼睛和眉毛都看得不大清楚了，但还是能从整个动作中观察出神态，无不表现出壁画师们娴熟高超的绘画技巧，你不得不被这精妙绝伦的造诣所折服。在形体塑造上，画面人物姿态万千，形神兼备。有的双手一张一弛，抬起莲花指，侧脸一笑，韵味天成；有的手持法器，面呈怒相，时刻准备着降妖除魔；有的体态丰满，表情怡然，像是在告诉众人要有慈悲之心。每位佛陀的衣着也都截然不同，可以看见身着绛红色袈裟、盘坐着的喇嘛，这也是至今藏区喇嘛的标准着装；也有佩戴头饰、衣着薄若蝉翼的纱衣、手臂缠绕飘摇的披帛的菩萨，眼神透露着祥和与温柔。即便是连成一排打坐的小型佛陀，每一个的体态、姿势和表情都各不相同，但均能感受出佛陀博施济众的心性。千佛千面，却千面一心，做人不也应该这样吗？每个人都是这个世界上独一无二的个体，但我们要在个性中共同拥有善良、仁慈的心境，既能坚持自己的立场与底线，也要懂得和谐相处之道，“君子和而不同，小人同而不和”正是这个道理。

这些优美而灵动的壁画，使我的创作冲动油然而生，真想当场拿上一支画笔在墙上大展身手，不过可惜我不是画家，对绘画只是一知半解，我只能陷入无尽的想象，想象自己回到了元朝时的格秀经堂：如果我是这里修行的僧人，我会怎样创作壁画？我要如何设计各个佛像的表情？我是应该把人物画得开心还是慈祥，抑或是愤怒？我应该画站立着的，还是盘坐着的？他们应该穿哪种风格的衣服、佩戴什么样的饰品？……我又开始在壁画艺术上继续想象着：如果要把壁画画得更好，我是不是应该融入一些传奇故事与情节在里面？我应当选用何种颜色来让人眼前一亮，又不会觉得突兀？

我感谢这所经堂能给我带来如此震撼的壁画，也感谢这里的僧人和村民们千年间守护着壁画。可以说格秀经堂里的壁画是幸运的，而在广袤的中国大地之上，有许多历史壁画已经被人为破坏了，还有很多壁画未被发现。当我们在感慨历史带给我们的艺术享受的同时，保护这些沉淀下来的“国家宝藏”就更为重要，这也是每个华夏子民应尽的责任。

望着格秀经堂的一幅幅壁画，我眼前看见了一位经堂里的壁画大师，手握画笔，蘸着颜料，嘴里时不时诵念经文，在这片墙上一笔一笔地画着……

〔科玛擦擦〕

擦擦是梵语谐音，指一种用凹形模具，捺入软泥后压制成形，脱范而出或经火焙烧成陶的陶泥工艺。其内容有佛、菩萨、人物、塔、法器、象征符号和真言文字等；其种类有恰擦（高僧大德亲手制作）、懂擦、骨擦（活佛、高僧圆寂后的骨灰和泥土混合制成）、药擦、水擦、泥擦等，被称为“微塑的佛界”。

佛教传入青藏高原之后，随着兴建寺庙、开凿洞窟，擦擦这一从善造像的形式也被广为接受。公元 11 世纪阿底峡入藏后，这种陶泥工艺大为风行，并随着佛教在藏区的发展而逐渐融合到藏族本土宗教艺术之中。这些擦擦大者盈尺，小的不足方寸，在有限的空间内，制作者倾注了全部的信仰和技艺，以自己的“身、语、意”皈依佛法。在民间，人们不仅将擦擦当作实现自己夙愿的圣物，供奉在自然界有灵气的地方，还把它当成护身符，以求驱灾避邪。

嘎朵科玛泥塑的一百零八个佛像，和砖料烧制而成并涂有漆的释迦牟尼佛像的外部建成佛塔形，与现存在印度金刚座的大佛像相似。佛像表情丰富，如弥勒菩萨、文殊菩萨、观世音十面菩萨。而六手释迦牟尼等具有九种姿态，这在从卫藏到安多、康区上下都是难得一见的。

〔称多古岩画〕

岩画是一种石刻文化，在人类社会早期发展进程中，人类祖先以石器作为工具，用粗犷、古朴、自然的方法石刻，来描绘、记录他们的生产方式和生活内容，是人类社会的早期文化现象和人类先民们留给后人的珍贵文化遗产。称多通天河流域的古岩画，具有很高的文物价值，已成为人们了解探索称多早期人类活动的重要窗口。

通天河流域岩画的遗存形式基本为崖壁岩画和大石（或落块）岩画两种。崖壁岩画是其主要遗存形式，一般凿刻在露天山体的崖壁之上，其分布几乎贯穿了通天河流域的全境，且具有青藏高原岩画早、中、晚各时期的特点；大石（或落块）岩画则自西向东主要散布于塔琼岩画点、客尤山岩画点、庚卓岩画点、东果岩画点等，地处河谷的缓坡、山脚或旷野地带，大小不一。与崖壁岩画不同，大石岩画的幅面均朝上。

这里的古岩画从专题上分，有狩猎、畜牧、战争、凹穴、棋盘、农耕、信仰符号以及车辆 8 种。从题材上看，牦牛图像是最具本土风格的图像类型，带有原始宗教和图腾信仰的性质；鹿图像明显是受到外来（北方斯基泰鹿）因素的影响；犬图像反映了早期人们的动物崇拜和社会生活祭祀场景；雍仲符号和塔图像是青藏高原早期人们精神文化信仰的写照，其主体是苯教文化的产物。从风格上看，既具有青藏岩画系统的特点，还具备北方岩画系统和西南岩画系统的特点，这种多样性表现了早期称多地区与外界文化的交流和融合，也是古代民族迁徙的重要见证。

岩画的图像资料既是一个图像表述系统，更是一个符号语言系统，它们不仅仅是早期人类思想构造能力与艺术创造才能凸显的文化遗产，还主要是“无文字时代”人类精神传达、情感表现、语言交流、视觉教育的图式代码，当然也是今人解读早期岩画制作族群思想、情感、心理等精神世界的通道或桥梁。

〔科哇、布日古岩画〕

称多县称文镇白龙村的科哇、布日两地有着143个岩画群，共609幅古岩画。这些岩画制成于不同时期，时间跨度较大，其中最早的岩画个体距今约有2000年历史。画面内容涵盖动物、人物、自然、星空，有一幅岩画所绘图案在同时期的古岩画极为罕见，绘有一个站立的人物，左手举着一面类似旗帜的物体，右手作挥手或敬礼状，从口型来看似在呐喊，画面十分生动。部分岩画图案可能是当地先民的信仰图腾或宗教符号，具有较高的历史文化研究价值。

〔嘎朵古岩画〕

在称多县嘎朵乡发现了至少已有数千年历史的古人类活动遗迹，赛康寺、穆秀沟古岩画群，岩画展现了玉树南部通天河流域原始民族游牧、狩猎的历史场面，题材鲜明、形象逼真。最主要的题材是对狩猎活动的反映，具有极为浓厚的通天河流域嘎瓦部族的生活气息和独特的民族艺术风格。对研究三江源地区人文历史有着重要价值。岩画深层次地反应了玉树州称多县地域，有史前人类活动和繁衍的迹象，证实了嘎瓦部族作为三江源头最原始的土著居民，史居于长江源头，是创造玉树独特地域文化的始祖居民之说。

〔诺培佛塔〕

此佛塔坐落于康区通天河沿岸，现称多县嘎朵乡吾云村。史书记载，它是嘎域早期的三座佛塔之一，与嘎渡口白塔、藏娘佛塔齐名。诺培为藏语，意为俱增宝。当地人按照居住地理面貌，此佛塔也叫扎卡当过佛塔，扎卡是以居住村落的地名而命名。

早在公元 12 世纪末到 13 世纪，突厥人攻入比哈尔和孟加拉，印度最后残存的佛教大寺飞行寺、那烂陀寺和超岩寺都被洗劫一空，僧侣要么被杀，要么逃逸。对此现在供奉于帮夏寺院的佛陀舍利子，是由那时逃亡的僧侣请到此地的，信教徒为了佛法长存，把佛陀释迦牟尼舍利子膜拜保留至今。

〔八思巴讲经台〕

元朝帝师八思巴于公元 1278 年从大都（北京）返回藏区途中，在此讲经说法，传经灌顶，当年八思巴讲经台“白莲座”的遗址在称文镇嘎藏寺附近。

1265 年，八思巴由大都返藏，途经玉树，在嘎哇隆巴（今称多县称文乡）讲经灌顶，聚众一万多人，并在上庄收阿尼当巴和阿尼仲巴俩兄弟为徒。

1268 年，兄弟俩按八思巴的旨意，在称多创建嘎藏寺，并在八思巴讲经的地方修建“百玛嘎宝”座台，以示纪念。八思巴曾赠给该寺释迦牟尼佛像一尊、黑底银书全套大藏经一部。1.5 尺高的合金佛塔 1 座、九尖摇铃 1 个，并向该寺颁赐命书一道，要求当地居民向寺院纳贡酥油、黄金、青稞、牲畜等，并赐给主管当地政教事务者象牙图章和檀香木图章各一枚。

〔嘎藏寺〕

嘎藏寺是称多境内历史最久、规模最大的萨迦派寺院。嘎藏寺藏语称“嘎藏班觉楞”，意思是“善缘富乐洲”，位于玉树藏族自治州称多县称文乡境内。该寺由八思巴弟子噶阿宁胆巴始建于元至元五年(1268年)，八思巴曾亲临该寺讲经传法，赐佛像、经卷、佛塔、法器和保护寺产法旨，并向噶阿宁胆巴赐象牙、檀木图章，授命管理当地政教事务。元代最盛时寺僧多达1900人，嘎阿年胆巴曾任元朝帝师，通称“胆巴国师”。

嘎藏寺原藏文物极为丰富，如唐王朝赠送吐蕃的释迦牟尼佛像、明永乐年间所铸妙金刚菩萨像、明宣德年间所造铜钹、清乾隆年间所铸无量寿佛像，以及历代中央王朝所颁锦缎封号等，皆有极高价值，惜均焚毁。现尚存八思巴宝座等重要文物，嘎阿年胆巴功法牌一块。寺中供有传说迎自印度的佛舍利一粒及僧舍利多粒，珍藏《甘珠尔》《丹珠尔》等佛经一千余部。

活佛与树

⊙ 或许时间会像筛子一样把生活的细节无情筛走，但只要有满天的星光、温暖的阳光，我就会想起在称多的点滴温存，这种温存绝不会因为时间的流逝而斩断，因为称多『低消耗生态形式』所呈现的生活方式，尊重自然却超越自然的人与神的和谐相处之道，实则是我们寻觅已久的社会理想范例。

当我第一次听见玉树这个名字，我就在思考，玉树地名的由来是不是和树有关，是因为这里的树木稀少而珍贵，树贵如玉而叫玉树吗？后来我查阅了相关资料，这种理解显然是受到了汉语字面意思的影响，藏区每一个名字都不能按照汉语的意思去猜测，而要翻译成藏语才能明白其本义。玉树在藏语里是“遗址”的意思，相传古代一个部落的头人垦布那钦，率领着部众在今玉树州称多县的通天河支流聂恰曲流域和格萨尔王岳父嘉洛建立的宫殿遗址一带活动，其部落亦被称为“玉树族”，后来这一部落的活动区域就演化为玉树的地名了。

用遗址的含义作为地名，恰巧是暗示玉树是一个遗址的天堂。你所看见的每一栋建筑，可能就是千百年前留下的碉房、寺庙、玛尼堆、石墙；你所走过的每一个地方，可能就是当年格萨尔王御驾亲征、马蹄踏过之地；你所领略的每一片草原，可能就是昔日牧民们曾经安营放牧的家园。行走在这片古老又布满各种遗迹的土地上，举手投足之间，你能想象出当年唐朝与吐蕃使臣往来、商人仆仆的繁华景象，历史的痕迹并不会因为岁月而消失，反而会越加让人百般遐想。玉树是三江之源，更是一座遗迹之城。

玉树并不是同树一点儿关系都没有，这里一直流传着一个关于活佛与树的故事。听拉布寺的僧人们说，一百多年前，玉树只有冰川雪山、高原江河、芳草萋萋，并没有树木生长。玉树的第一棵树，是由拉布寺的第十三世活佛江永·罗松嘉措引进过来的。

清朝末年，活佛江永·罗松嘉措为了学习更多的佛学知识，专程前往北京潜修佛法。在学习期间，他所见到的除了佛学经文，还有北京繁荣的城市生活。在那个时代的北京，几乎汇聚了当时国内最先进的生活方式，与玉树的生活完全不一样。那里有宽阔的马路、会发光的电灯、四个轮子的汽车……这让来自雪域高原的他激动不已。当然，最让他为之心动的便是这里郁郁葱葱的大树，这在他的家乡是没有的，他下定决心要把这片生机盎然的绿色带回自己的家乡。

在他从京返回玉树的时候，路过西宁附近的湟源县，当即用布施来的钱，购买了 2000 株杨树苗准备运回拉布寺。为了保证杨树苗能顺利到达玉树，他雇了 500 头牦牛驮运树苗，每棵树苗用湿毛毡裹住，根部用泥土包着，以防止树苗枯死。于是，浩浩荡荡的牦牛运输队就从县上出发了。一路上他们跋山涉水、风餐露宿，为了保证树苗不缺失水分，晚上休息时他就把树苗浸泡在水沟里，等第二天赶路时再继续包裹起来。就这样，八百多公里的路途，三个多月的日夜兼程，江永·罗松嘉措终于把树苗带回了玉树。当时，树苗运回来的时候，许多人表示不解：别的活佛都是从外地带来金银财宝，而我们的活佛却花大力气带来“柴火棍”。树所带来的直接好处在最开始种植的时候并不明显，江永·罗松嘉措只给大家说了一句话：“种树是造福后代的大事。”村民们也选择相信活佛的判断，期望有一天树真的会给后代带来好运。

不过事情总不是一帆风顺的，因为高原海拔与气候的关系，只有不到三分之一的树苗在天寒地冻的严冬中存活下来。第二年春天，玉树并没有变成莽莽林海，但活下来的杨树苗奇迹般地吐出新芽，它们成功地在玉树安了家。这更加深了江永·罗松嘉措种树的信念，他在这一年继续以同样的方式，从湟源县驮运来1000多棵杨树。为了让种树的风气能保持下去，他与拉布寺的僧人们达成了一条不成文的规定：寺院里的每位僧人每年至少种15棵树。此后百年间，历代活佛也都身先士卒，每年带头种树，种树的传统一直延续至今。或许是江永·罗松嘉措和拉布寺僧人们的诚意打动了上苍，当年种上的杨树苗早已成为参天大树，新种的树苗不断吐芽新生，这里从空旷之地变为树木成林，拉布寺也成为玉树的绿色之源。多年后，人们终于意识到，江永·罗松嘉措活佛带来的这些树苗远比金银财宝更加珍贵，它是玉树的春天，也是无尽的绿色财富。如今在这片雪域高原上，绿树成荫，鸟语花香，拉布寺和附近的村落犹如世外桃源般格外美丽。

江永·罗松嘉措活佛对玉树的贡献并不止种树，他还是一位非常有远见的活佛。由于在北京学习的经历，回来后他对拉布寺及其附近的拉司通村进行了重新规划。拓宽当地道路，分为人车两道，确保这里未来有汽车的时候可以顺畅通行。并且用树划分路的边界，把道路改成了林荫大道，提升了道路的美观性，也为过往路人休憩乘凉提供了便利。他还修筑河堤，对当地的河流进行整治改道，用河流把寺庙与村庄分开，形成两块不同的功能分区。在寺院建筑上，他将一个小经堂扩建成了180根柱子的两层大经堂，并新建了辩经院。而在民居建设上，他重新布局村子，并从北京请来了工匠，就地烧制砖瓦、石灰，保证了房屋的稳固性。

真的伟大不是你有多强，而是你是否比别人看得更远。江永·罗松嘉措活佛看到了百年后的玉树，种树、规划道路与建筑、整治河道都是一种长远的投资，都是对子孙后代的造福。远见卓识不是天生的，站得更高方能看得更远，而人生的高度取决于你生命的宽度，宽度就是在不断地历练与学习中增加的。连德高望重的活佛都愿意摆脱舒适的寺庙环境，千里迢迢奔赴北京取经学习，我们就更应该让自己脱离安逸的舒适区，去努力拓展自己的生命宽度，让眼光看得更长远一些。

在临走前，我特意来到了当年活佛种植并存活下来的第一棵树面前，这里用红色的围墙把树保护着，并在上面挂着“玉树第一棵树”的铭牌，以此纪念和感恩十三世活佛的功德。就是这一棵树，它见证了几代人的生活，把来来往往人们的故事记录在年轮之间。人种下了树，树则改变了人的生存环境；人保护树苗茁壮成长，树为人提供了天然氧吧和绿色的生态体系。人和树又何尝不是一种共生关系呢？

人和树是一样的。树为了使自己枝繁叶茂、不断长大，一面努力地朝着有阳光的方向生长，另一面又深深地把根扎入黑暗冰冷的地下吸取养分。而人也是为了自己的梦想，一面锐意进取、积极工作，另一面又要忍受成功之前没有光彩的寂寞。无论是树还是人，都得耐得住寂寞，在机遇到来前让自己扎稳根基，才能把握住机遇。人和树都无法决定在哪里生根发芽，但生长成什么样、想要什么样的精彩却可以由自己来决定。如果你想要过安稳的生活，你就选择平稳的生长方式，不急不躁生根发芽，最终参天林立；如果你想要过轰轰烈烈的生活，你就使劲扎根汲取营养，高昂身姿挺拔向上，成为独树一帜的风景线。

人和树又是不一样的。树是人的老师，用它的品性带给我们思考。冰天雪地里，它们向上生长；烈日炎炎下，它们也向上生长。不断克服着严寒酷暑以及地球重力带来的阻力向上而生，这种力争上游、顽强挺立的坚韧性格是任何人都需要的。而当积雪把它们的树枝压得很低，当狂风暴雨把树枝刮得摇摆不停，它们并不硬碰硬，而是顺应着雪与风的方向柔韧应对，等待阳光归来的那一天。人只有学会坚韧中带着柔韧，才能应对生活中的种种历练。

寒来暑往，四季更迭，树在我们日常生活中的确再平常不过

了，但越是平常的东西，细细品味，往往越有味道。茂盛的大树，枝叶粗而密，遇到大风时受力面积要比小树大得多，这正是“树大招风风撼树”的道理，我们做人也要懂得低调做事，别太招摇，否则容易引起麻烦；茂密的大树遇到秋天便纷纷落叶，枯干的树枝一到春天又会露芽新生。树告诉我们得意时别太骄傲，失意时也别太心急，希望可能会有破灭的一天，但绝望也总有被打破的一天；每一棵树最硬的地方，就是它结疤的部位，因为受伤过后树会大量聚集养分，这个部位就长得更粗壮，那些受过伤的地方一定会变成我们身上最坚强的地方，坎坷和挫折都是人生经历的财富。

树带给我们的哲思太多太多，一棵树就是一部人生词典。这次的旅途我听到了活佛与树的对话，也听到了自己内心深处的呼唤：愿你像树一样生长，平凡而不平庸地活着。

称多词典

部分地名之由来

称多县地名有藏语名称、汉语名称、蒙语名称三种。

〔以方位命名〕

• **上庄** / 在称多县城东南角高一些的位置，故称上庄。藏语叫卡俄，卡即城墙圈，俄即蓝色的城墙。

• **下庄** / 在称多县城西北角低一些的位置，故称下庄。藏语叫周均，意大庄子。

〔以传说命名〕

• **称多** / 一音赤达，赤即万，达即集会，意万人集会。相传公元 1267 年间，元朝忽必烈的帝师、萨迦五祖师之一的八思巴及卓贡却加帕巴途经康区路过此地时，应高徒嘎·阿年胆巴之邀，曾在这里举行过隆重的灌顶仪式。当天，从四方云集而来的僧侣就达一万多人。从此，这块净土就得名为称多。

• **毛拉** / 庄名，山的阳坡和阴坡把庄子围在中间，像格萨尔王的帽子，一说产粮地区。

〔物产命名〕

- **引白陇**／沟名，在歇武境内，意红青色，多产角麻。
- **朵热陇**／沟名，在歇武境内，黑色深沟，多出牦牛。
- **勒尺陇**／沟名，在歇武境内，内有弥莽山，草好、灌木多、鹿多的意思。
- **勒赛陇**／沟名，在歇武境内，风景好、草好、羊多的意思。

〔以山、石、土色命名〕

- **阿朵陇**／沟名，在扎朵境内，意白石头沟。
- **拉扎仁**／沟名，在扎朵境内，意红颜色沟。
- **扎哈**／地名，白石头山的意思。
- **扎玛**／地名，红石头山的意思。

〔以地理命名〕

- **雪吾**／庄名，音血吾，意阴坡上的村庄。
- **丁布**／庄名，庄下有一滩，称本来，意平滩。
- **东郭**／庄名，庄在崖上的意思。
- **兰达**／庄名，即拉布沟口意。
- **垂青**／从宗青山得名。
- **达陇**／从达陇沟得名。
- **巴沟**／从巴沟山得名。

〔以比喻命名〕

- **年治陇巴** / 沟名，在扎朵境内，意像鱼一样的沟。
- **宗宗** / 庄名，音宗色，意像人的胸腔翻着放一样。
- **热香** / 庄名，音石头咀，像山羊一样。
- **美仁** / 庄名，音末仁，末即人，仁即长，意人高得很，一意火山。
- **尹哇** / 庄名，意像弓一样的沟。

〔以渡口命名〕

- **卓毛其** / 庄名，意长江上的一个渡口。
- **直门达** / 庄名，直即般，达即渡口，意沟口渡牛般的地方。

〔借用其他名称命名〕

- **拉司通** / 庄名，意拉萨滩，系拉布建寺后仿西藏起的名字。
- **布日** / 庄名，过去有布日活佛。

〔以人数命名〕

- **木许** / 音末赤，意一万个人。
- **毛故** / 意九个女子。
- **卡吉** / 庄名，原名卡吉马，传该庄原仅八户人。

白龙卓舞

⊙ 称多或许就是天堂遗失在人间的样板，可以辽阔、空旷，也可以霞光万丈、色彩斑斓；这里的每一种色彩都在明亮的光线组合中实时而变，称多藏人读懂了这种神赋予的大地密码，在奶茶、铜碗、帐篷、经幡、白塔、寺庙、河流、草原、雪山中找到了它的来历，因此，他们用歌舞指点我们到达天堂的路。

初次见到白龙卓舞，是在三江源嘎觉吾文化旅游节上。那种雪域高原特有的舞姿与歌声，直到今天仍在我的脑海里久久不能忘怀。

一群头戴红色缨穗、身着绛红色氆氇长袍、衣缠彩色绸带的男舞者，在舞台上手挽着手半跪着围成两圈，待中间的一位舞者高声唱了几句庄严深沉的藏歌后，所有舞者便一同跟着合唱起来。随后舞者们快步分散到整个舞台，如一朵莲花从舞池中间绽放出来。他们开始缓慢地跳起了白龙卓舞，双手挥舞着衣袖，腿铿锵有力地跟着节奏抬起，一会侧身，一会转身，全身矫若游龙地摆动着，像是一只雄鹰在练习展翅。紧接着，歌声开始变得欢快起来，舞者们手舞足蹈，衣袂飘飘，把高原上人们自由洒脱的性情表现得酣畅淋漓。跳着跳着，又围成了两个圆圈，队形按顺时针行进，这就是最经典的锅庄舞的表现形式。

整个舞蹈看似简单，但从动作的缓和凝重到飞龙般的粗犷飘逸，节奏变化把握得十分精准，没有多年白龙卓舞经验的人，是跳不出如此传神的舞蹈的。白龙卓舞和藏族传统的伊舞也不相同，伊舞动作无拘无束，轻快活泼，男女皆可起舞；而白龙卓舞则动静结合，舞姿威严、步伐稳健，这种风格只适合男子来跳。

我有幸参观了他们排练的场地——嘎曲河边的一片草原上，在草原看他们跳舞比在舞台现场更有感觉，他们是属于草原的，舞蹈也是属于草原的。白龙卓舞根据原始社会人们的狩猎生活文化所创，许多舞蹈动作都是在模仿飞禽走兽，无不表达着人们对雪域山河、自己家乡和神灵的赞颂。仔细看就会发现，白龙卓舞的精髓都在脚上，舞步轻巧矫健，这应该和高原独特的自然气候有关，寒冷的环境中，人们会不自觉地跺脚取暖，正因这样，藏族人跳舞时的腿部动作就比较多了。大自然不愧是白龙卓舞的创造之源。

才哇，是白龙卓舞的非物质文化遗产传承人。据他介绍，白龙卓舞起源于八百多年前的白龙村，这里的村民大部分都会跳这个舞，并且这种风俗一直传承至今。早在格萨尔王时期，白龙首领嘎·伊洛扎巴与咒师昂琼庆布，曾带着一批白龙艺人奔赴岭国，参加格萨尔王与其王妃珠牡的婚礼，当时格萨尔王对精彩的白龙卓舞赞不绝口。而白龙卓舞闻名于整个藏区，要追溯到公元 1267 年，元朝帝师八思巴在称文镇嘎藏寺忠确滩举行灌顶仪式，白龙卓舞备受八思巴称赞。

在还没有成为传承人的时候，才哇便跟着上一位传承人嘎丁老师学习舞蹈。小时候，他最喜欢的便是过节，和我们大多数人不一样的是，我们是因为过节能吃到很多好吃的、可以尽情玩耍才喜欢过节，而他是因为只有在节日上才能看到长辈们跳白龙卓舞。从小对舞蹈的情有独钟，也让他在练舞中比别人更认真刻苦，最终成为白龙卓舞领域的佼佼者。热爱就是人最好的老师，当你把一件事情做到极致，便胜过你把一万件事做得平凡。

我们跟随才哇老人来到了村里的小学，他说为了让更多的孩子学习白龙卓舞，学校每周都会开设两节舞蹈课。舞蹈是需要长期练习的，倘若很长时间不练就会生疏。最后才哇和学校老师想了一个办法，把白龙卓舞作为学生的课间操。既能在平时让学生得到练习，又可以同做操一样消除课间疲劳、强身健体。他的努力并没有白费，如今村里的很多小孩都学会了这个非遗舞蹈。

传统文化要得到传承，就必须有人身体力行。白龙卓舞的舞种大约有八十种，但目前能搜集到的却只有三十种。但我相信通过才哇以及一代代传承人的坚守与发扬，舞种一定会越来越多。非遗文化的延续，也不能光靠这些老艺人们去鞠躬尽瘁，所有人都应该齐心协力去守护。我记得有一次我去看京剧演出，观看的人都是中老年人，演员也都是戏曲院校毕业的，年轻观众和业余京剧表演艺术家几乎没有。想想现在的流行歌曲，无论是观众还是歌手，都覆盖到各个年龄段、不同的文化层。如果非遗文化都像白龙卓舞一样，从娃娃抓起，走进校园，从小培养孩子的兴趣；或者进行变革创新，结合一些新观念、新技术帮助传播，如手机直播、VR 等现代科技，那么非遗传承，就不再是纸上谈兵了。

天国之舞

⊙ 称多的歌舞违背我的常识，也让我意识到我们日常积累的常识的可笑，这一点在巴吾巴姆这个神童之舞中得到充分的印证，它让我明白梦境也是一种真实的存在。通常康巴男人都有着方正的轮廓、健硕挺拔的身姿，女性都有着不用修饰的妩媚，十四五岁的少男少女更有着自然纯洁的芬芳，是遵从神的旨意降临凡间的精灵，是神对人世的眷恋，是佛的智慧的具体存在，因而他们的舞蹈可以聆听，歌声可以闻到芳香。

与白龙卓舞齐名的另一传统舞蹈便是巴吾巴姆，在当地有“少男少女”之意。

这种舞由拉布寺第十二世坚贡旺钦吉然多杰活佛所创。据说，他在马头明王闭关洞修行时，七仙女曾下凡人间，在他的修行洞附近伴着法器声跳舞，吉然多杰活佛就创下了这种舞，人们将其视作神来之舞。正因宗教的关系，巴吾巴姆以前很少出现在公众场合，最初只在活佛的坐床仪式上作为密宗舞进行表演。但现在已经对外公开了，每逢各大节日与庆典活动，这种舞蹈都会亮相，成为一张称多的新名片。

巴吾巴姆的表演者必须是15岁以下的属虎男孩和属龙女孩。表演时，男孩手持枪缨，女孩手持盛有糌粑、酥油、青稞等食物的酥盒，男跳女唱，静则为歌，动则为舞。把风调雨顺、幸福安康的生活用悠扬动听的歌声传达，把丰衣足食、牛肥马壮的喜悦之情用妙不可言的舞蹈表现出来。

只叫金童玉女来跳，是该舞蹈的一大特色。纯真无邪的舞姿、空灵质朴的嗓音，更能表达对神灵的尊重，怪不得以前巴吾巴姆只在重要的场合表演。与成年人相比，孩子对歌舞更多的是天真烂漫的原生态表达。为什么近几年国内的原生态歌舞这么火？就是因为当艺术欣赏到达一种高度后，人们更青睐不加修饰、毫不做作的自然表达，受过专业学习训练、掌握着各类表演技巧与表达手法并不一定是件好事，有时候可能会忘了最重要的真情实感。你连青藏高原都没有去过，也没见过雪山，仅凭歌唱技巧，会唱得出雪域壮阔的《青藏高原》吗？你连孔雀的生活习性都不了解，也没细细端详过孔雀的姿态，能跳得出优美的孔雀舞吗？最美的歌舞，一定是存在于最自然的情感流露中；最动人的表演，一定是始于生活、存于本心的。

用“会说话就会唱歌，能走路就能跳舞”来形容称多这个歌舞之乡再合适不过了。从小在这里长大的藏族子民，他们个个都是原生态的艺术家，离大自然最近是他们得天独厚的优势，草原就是他们的天然舞台，蓝天白云就是表演的布景，太阳就是绚丽的舞台光，河流的声音就是最美的和声，在这种环境下，人怎会不能歌善舞呢？称多这片天然生态的沃土，永远是每位藏族艺术家歌舞创作取之不尽、用之不竭的灵感源泉。

称多词典

〔玉树伊舞〕

国家级非物质文化遗产“伊舞”的产生比“卓舞”更早，它相对“卓舞”所受宗教影响较小，是玉树地区最民众化的舞蹈。最初流传于青藏高原腹地青海省西南部的玉树藏族自治州一带，渐渐被玉树周边安多地区的农牧民接受和喜爱，到了公元16世纪玉树“伊舞”在青藏地区非常盛行。

“伊舞”最开始只是在喜庆婚嫁或生产劳动之余，男女青年在宿营的草场围着篝火自娱自乐的一种形式，后发展为在官方举办的赛马射箭等大型活动和节日庆典时组织表演性演出。

“伊舞”的舞蹈动作和技巧吸收了玉树地区农牧民游牧生活的养料，是从骑马、狩猎、赶羊、打场、挤奶、剪毛、打酥油等生产劳动姿态中吸取动作发展提炼而成，生活气息浓郁，是反映玉树藏族人民生活风貌的百科全书。

〔雪吾武士舞〕

“雪吾武士舞”以成年男子为舞者，头戴红色长穗高帽，右手持长剑，左手持强弓，犹如古代出征的将士，边走边唱，表现出将士勇猛的表情，表达出男子豪气万丈的阳刚之美。舞蹈形式及歌词内容为祈祷天、神、地，歌颂家乡山河，描述当地特产等，都具有浓厚的祭祀性质，以保佑家乡资财富饶、百姓衣食充足。

〔青海氆氇〕

氆氇为藏族人民手工制作，作为衣料或装饰的优质毛纺织品，是以西宁羊毛为原料，经纺纱、染色、织造、整理等工序制成。传统品种有加翠氆氇、毛花氆氇、棉纱氆氇等。

加翠氆氇厚度很像大衣呢，斜纹编织，每匹有紫红、枣红、深红、草绿等颜色；幅宽约 27 厘米，匹长 18 米左右，正好可缝制一件藏袍。其纬密特大，每寸 (3.3 厘米) 达 230 根，制成藏袍有良好的保湿性能，不会被雨雪淋透，适应牧区多变的自然气候。

毛花氆氇为横条织物，花型大约 20 种，每种由 7—11 个颜色组成。它的色彩鲜艳，手感良好，质地厚实，平正挺括，经久耐磨，一般用于褐衫的镶边或做藏靴的靴腰。镶边时，根据需要裁为条状，缝于大襟、下摆的一周。其花型分十样锦与十字花两种。十样锦又叫条花或邦丹，就是用彩色纬纱，织成红、绿、黄、紫、蓝、白等不同颜色、宽度相等或不等的彩条，每幅图案用 8 个左右颜色排列对称循环。十字花又叫挡子花，就是在十样锦彩条基础上，于每个循环间以 5 厘米左右的白色或黄色彩条格隔开，格内印以 4 枚或 5 枚红蓝或红紫色十字做点缀。

棉纱氆氇的颜色、规格及用途同毛花氆氇，但价格便宜，适于低档衣料镶边之用。

繁星之歌

⊙ 任何一种生灵都有自己适合的生产方式，正如称多康巴的灵性只属于通天河的夜晚，属于嘎朵觉吾的满天繁星。毫无疑问，繁星是启迪我们灵魂的经文，只有虔诚的诵读才能领略其真义。

随缘时，梵心静如夜空
星光下，我准确无误地匿名
爱我的人却从我的掌纹上不停地失踪
风尘中的侠女依然夜夜叫阵
人们去远方只是为了紧紧地搂住自己

—— 仓央嘉措

晚上，我准备入睡时，阿辉忽然跑进我的房间，问我要不要去山坡上拍摄星空。我纳闷，这里能拍到星空吗？但万一真有星空，不拍就可惜了，我决定先出去看看。

我半信半疑地跟着他来到院子，抬头一看，眼前的一幕让我定住了。只见漫天繁星镶嵌在夜空中，犹如无瑕的钻石，闪烁着明耀的光芒。它们又像一个个顽皮的小精灵，一会这个对你眨一下眼，一会另一个又淘气地对你闪着眸子。我看得忘神起来，阿辉叫我赶紧走，说去山坡上看星星视野会更广阔。

我们就背着摄影器材，打着手电筒，往村子后面的山坡上爬去。高原上的夜晚，相对于城市来说，实在是漆黑很多，每一步都得小心翼翼地走着。到达山顶后，三脚架搭起，设置好相机参数后，便开始了长时间的拍摄。山顶的风很大，我们冻得直打哆嗦。不过这里的夜景没让我们失望，肉眼就能十分清晰地看到密密麻麻的星星。

我抬头看着满天星辰，内心已思绪万千。浩瀚的星河俨然成了这片草原上的主角，它们点缀着黑暗的天空，我们在它的巨大怀抱下渺小得如一颗星辰。我在想，我未来的爱人是否此刻也站在地球的某一个角落，和我一样仰望星空呢？星星是孤独的，虽然我们看到它们似乎挨得很近，但在苍茫的宇宙中，两颗星星可能就相隔千万光年之远。人又何尝不是孤独的，生命中有太多的人和我们不期而遇，又匆匆地擦肩而过，能与你心心相印的寥寥可数。人是这个世上最大的矛盾体，我们渴望自由却害怕孤独，我们期待美好却不愿意付出代价。或许星星能告诉我们答案，美丽而独立地活着，不急不躁，安然待之，总会遇到属于自己的那束光朝你而来。

看久了星星，你会发现它居然在慢慢地转动，是真的有星河存在吗？后来想想，应该是地球自西向东转动导致的缘故。不是星河在流动，而是我们自己在动。生活中遇到的许多事情也是这样，很多时候我们爱从别人的身上去找原因，而忽视了自己的问题。但无论星星怎样转动，始终有一颗最亮的星星定住不动，朋友说那就是北极星。我们也应当同北极星一样，坚定自己的立场，不被他人的看法所左右，永远守护着心中不灭的希望，成为夜空中最亮的那颗星。

我不记得曾几何时见过这么多星星了，城市的灯光璀璨与空气污染，让星星躲着不敢出来。藏地人经常见到的普通景象，对我们来说则成了一种奢侈。人只有真正回归到了自然，才能看到很多的不平凡，才能听见星星奏响的乐章。

〔巴颜喀拉山〕

巴颜喀拉山位于称多县东南部。旧称巴颜喀喇山，蒙古语意为“富饶的青色的山”。巴颜喀拉山藏语叫“职权玛尼木占木松”，即祖山的意思。该山地势高耸、群山起伏、雄岭连绵、景象恢宏。它是庞大的昆仑山脉南支的一部分，走向为西北—东南，向西为可可西里山脉，向东与四川的岷山、邛崃山相望。

拉司通夜

⊙ 在称多，这个康巴藏区的隐秘中心的最后时光，是在歌舞声中结束的，如同我的抵达是在歌舞声中开始。歌舞构成我对称多最为永恒的记忆，更准确地说，称多的歌舞是慰藉我在这苍凉的世间前行的动力。有佛在，称多就有永不谢幕的舞台，永远辽阔的歌声，称多的一切仿佛就是为歌舞而生。

汽车行驶在波涛翻滚的通天河沿岸，两旁高耸的山脉引领着我们朝拉布乡驶去。经过一片金黄的油菜花地和茂盛的青稞地后，便看到路旁笔直高大的白杨树，我知道慕名已久的拉司通村到了。古村落流传着的“活佛与树”的故事以及原生态歌舞“巴吾巴姆”，早已让这里成为藏区久负盛名的民俗文化村。

村子依山傍水，气候宜人。走在石板铺垫的街道上，白杨树傲然挺立，像是守卫着这里的战士，伸展着枝叶向远道而来的客人们敬礼。一排排整洁有序的房屋修建在道路两侧，以片石垒砌的墙壁、传统藏式木雕门窗、屋檐和窗边精美绘制的藏族特色雕花，异彩纷呈的颜色搭配，如此精致而美丽的藏式民居我还是第一次见到。虽然房屋布局整齐划一，但每栋民居的外观造型一点都不重复，可谓“街街是景，景色各异”。

许多的村民在自己家开了藏家乐，我和朋友决定去感受一次藏家做客的民俗风情。因为是村民自己家开的，完全和一些旅游团带去的几十人宴会厅式的“藏家做客”不一样，你可以非常好地体验到吃住在普通藏民家的感觉。

我们住的那家主人的名字我不太记得了，只记得我们刚进门时，主人和他的儿女们就过来给我们献上了白色的哈达与青稞酒，并且唱着藏歌欢迎我们。在喝青稞酒的时候，依据当地礼仪，我用右手无名指蘸了三次酒、弹了三下，分别是敬天、敬地、谢主人祖先，最后一饮而尽。可见即便是藏家乐，藏族人的好客热情丝毫不减，而待客礼仪也是让人觉得非常讲究。

大门进来便是宽敞的庭院，里面繁花似锦，红白相间的格桑花点缀在翠绿的青草上，简直就是一片花海仙境。主人告诉我们，除了他家，拉司通村家家户户都喜欢种上鲜花，而拉司通在藏语里的意思就是鲜花盛开的地方。这里不仅是玉树的树都，还是花都。之后的两天我都非常钟爱这片花园，呼吸弥漫花香的空气，晒着午后温暖的阳光，坐在椅子上品一杯茶，看一本书，或是趴在桌子上打一个小盹，这种安静怡然的时光再惬意不过了。

到家放下行李后，主人一家就开始为我们准备晚饭。我们便跟着他的小女儿四处参观和拍照。房子的结构与别的藏族民居大同小异，客厅、卧室、仓房、厨房、经堂都有，房间里既有藏族人家特有的传统装饰与生活器具，也有现代的家电家具，二者结合在一起丝毫没有违和感。我们还看到了一个非常有特色的木桶，外形上有一点像打气筒。小女儿说这是“雪董”，是一个牛奶分离器，通过上下抽打，将牛奶的水和油分离出来，浮出来的油就是酥油了。我们请求主人带我们参观一下酥油茶的制作过程，主人爽快地答应了。在锅里倒入清水煮开后，加入砖茶再接着煮，煮到茶水变黑便滤掉茶叶，将茶水倒入专门打酥油茶用的竹节茶桶中，加入少量的盐和酥油，再用带塞子的木棍上下搅拌，最终使酥油和茶充分混合，就大功告成了。酥油茶喝起来咸甜适中，又有着茶叶与酥油的清香，但很多外地人不一定都喝得惯。如果喝不惯，藏族甜茶也可以作为备选，和我们平时喝的奶茶口味并没有多大区别。我记得之前去西藏发生高原反应，当地人叫我一定要喝酥油茶，对高原反应有比较好的调节作用。所以说，酥油茶产生于高原地区并不是没有道理的，就像我的家乡贵州，人们爱吃辣椒是因为当地气候阴冷潮湿，吃辣椒能御寒排湿一样。一方水土养一方人，每个地方的特殊饮食习惯，都会对当地人的健康生活起到无形的帮助。所以我每到一个地方旅行，一定要品尝当地美食，感受不同气候、地域、文化下的食物，做一回“当地人”。

晚饭时间，除了藏区普遍有的风干羊肉、手抓牦牛肉、糌粑、烤土豆、炒青稞，主人还为我们特意准备了两道拉司通村的特色美食——龙庆巴图和巴萨玛克。龙庆巴图就是加入酥油后配以椰枣、红枣做的八宝饭，而巴萨玛克则是一种用面粉、酥油、藏糖、奶渣等多种食材做成的食物，放进嘴里有种酸酸甜甜的味道。相传当年文成公主入藏，路过通天河附近，藏族人民特意为她做出了这道融合汉藏两种风味的甜食，直到今天巴萨玛克都备受当地人喜爱，非常适合作为高原上补充热量与能量的食物。

在我们吃喝之际，藏族人豪迈洒脱的天性便表现出来了，主人和家人们一高兴就开始载歌载舞。这种热情把我们跳舞唱歌的兴致也带动了起来，他们唱着藏歌，我们就跟着一起跳舞；或是一起合唱汉语歌曲，场面十分欢乐融洽。不得不提他们的舞蹈天赋，一家人没有一个是不会跳舞的，每个人的舞姿都非常到位，歌声也十分嘹亮，只会扭扭屁股、摆摆手的我们完全甘拜下风。朋友提议，叫主人的小女儿教我们跳一段藏舞，结果主人居然去拿了几套当地的服装出来，让我们套在衣服外面，行头一样了，跳舞更有感觉。我们就随着歌声和她的舞步，慢慢跟着学。藏舞的动作并不难，但要跳得自然得体、动作到位就很难了。不过舞蹈本身标不标准并不重要，重要的是你有敢于放飞自我的心情。一段接一段的歌舞使得大家热血沸腾，一点儿都不觉得累。我们手舞足蹈地跳着、唱着，忘却了时间，只有一张张灿烂的笑脸和雀跃欢腾的心。还有什么比歌舞更能让人放松呢？人的身体就像一个巨大的容器，快乐也好，悲伤也罢，都装在这个容器内。只有不断地摆动自己的身体，才能把里面的幸福快乐释放出来，把悲伤烦恼彻底甩开。

此后，每当我看见盛开的格桑花，看到青翠欲滴的杨树，生命中沉醉已久的梦境便再次开启。在那个遥远的通天河畔，那一个歌舞不停的古老村落，将我的牵挂永远驻留在这里，不曾离去……

称多词典

〔拉司通古村〕

拉司通康巴民俗村，依山傍水，气候相对温和。这里有别致古朴的民宅村落，以原生态歌舞“巴吾巴姆”为代表的风格洒脱的民族歌舞，以及富有悠远的历史、闻名遐迩的拉布寺，它精髓的宗教文化让人遐思万千、叹为观止。以“杨树之母”组成景致怡人的人工园林——拉布寺园林，郁郁葱葱，形成了一道亮丽的风景线。2009 年，拉司通古村在上海卫视外语频道举办的“发现全国美丽小城”活动中被评为“人文魅力”奖，荣获“中国十大美丽小城”的称号。

嘎朵觉吾

⊙《神曲·天堂篇》这样写道：『在曾经去过那受光最多的地方，看到了回到人间的人无法也无力重述的事情。』那么，当我翻越巴颜喀拉山来到嘎朵觉吾神山之下，在分不清究竟是白天还是黑夜的抵达，在漫天风雪中的转山就开启了我对这些无力重述事情的临摹。毫无疑问，转山，是我生命中最为隆重的一件大事，它印证了梦境的真实存在，收容了我所有的梦想，同时，在平静的大地划定了通往远方的路径。我们无需虚构自己，因为神明就在远方。

很久以后回想起那段转山之旅，我的心既兴奋又觉得不可思议，我没想到自己能坚持走完全程，但又窃喜自己真的顺利完成了使命。嘎朵觉吾，在我的心中一直是神圣而亲切的存在，不仅因为他是玉树人民信仰的千古神山，还因为他和言言信信的属相一致。藏区的每座神山都会被当地人依据藏历赋予其不同的属相，嘎朵觉吾便是属羊，这应该就是我们冥冥之中的缘分吧。

嘎朵觉吾的转山分为外转、中转和内转，外转大约要7–9天，只有最后两天才能看到主峰，时间有限的我们直接否决了。内转虽然只需要1天，但有一段宽仅一尺、坡度达70度的碎石路，随时有塌方和滑坡的危险，事故多发，我们也否决了。最终我们选择了中转，最快两天便能走完，转山时间不长也不短，并且全程有一段路可以通车，是一条相对安全、景观较多的转山路线。

从扎多镇开车出发，途经赛康寺到达一个峡谷口，我们便下车从谷底进行徒步。群山之间的峡谷到处都是密密麻麻的乱石与杂草，还有从山上流淌下来的溪流。我一边走着一边望着远处的高山，前方会有怎样的风景在等着我们呢？

一路上，在山脚旁时不时可以看见一些人为放置的大块片石，上面刻着彩色的经文，与石经城的一模一样。我们也在碎石路的两旁看到了堆砌高低不一的成群玛尼堆，数量非常之多，像是在欢迎我们的到来。据说，经过此地的朝圣者，都会堆叠玛尼堆或往玛尼堆上添加石子为全家祈福，可以想象每年都有络绎不绝的信徒来此转山。

我们就这样沿着峡谷往垭口走去，忽然向导提醒我们，前方有一座红褐色石壁的山峰，是嘎朵觉吾将军的奶奶，细看还真像一位饱经沧桑的老人。嘎朵觉吾在藏语里是“上康区主神”的意思，传说神山的主峰叫嘎朵觉吾将军，其周围的28座山峰分别是他带领的7位战将、为他打造神兵的7位铸剑师、缝制战袍的7位裁缝、负责为战士疗伤的7位神医以及他的奶奶、妻儿等山峰。嘎朵觉吾将军智勇双全，率领着将士们保卫着玉树，使这里成了人们安居乐业的美丽家园。连山峰都有一段古老的传奇故事，可见雪山在藏族人心中的神圣地位。当然，这些故事并不是无中生有的，生活在千峰万壑的高原上的藏族先民们，相信万物有灵，在与雪崩、泥石流等自然灾害的斗争中，他们逐渐对雪山产生了敬畏与崇拜之情。到了吐蕃时期，高耸入云的雪山被认为是人与神沟通的“天梯”，加之西藏苯教与藏传佛教的影响，山就成了与人一样拥有情感的守护神，并经过人们的口口相传形成流传千古的传说。

脚踩着崎岖的砂石路，背着水、食物、帐篷等负重装备，呼吸着稀薄的空气，让我们从最开始的生龙活虎到脚步逐渐缓慢下来，停下来喘气歇息的次数也越来越多，转山看似仅仅走路那么简单，实则是体力与精神的双重消耗。说到精神消耗，因为担心是真实存在的，变幻莫测的天气、能否在天黑前到达露营点、会不会遇到野兽都是未知数，我们只能互相鼓励，马不停蹄地进行赶路。转山的苦只有身体力行后才能深刻感受，但不管你有多苦或是多累，千万别忘了偶尔驻足，欣赏沿途的风景。周围的怪石嶙峋，群峰的姿态万千，移步换景，每一个角度都是一幅迷人的画卷。我庆幸自己没有带笨拙的单反来，手机摄影的轻巧便携性，使我在徒步中能快速定格画面，这种“走拍”模式不会使人掉队，也不容易错过绝美的景致。

快到垭口时，我们看见了一个山脚上挂满了经幡，岩壁上浇满了酥油，钱币、绿松石、红珊瑚石、各样珠宝都附着在上面，这是转山的人们对神山的供奉。我们也贴了几张一块钱的人民币，表达对神山的敬意。

转山，更像是一场自己与大自然的亲密约会。这个过程中，大自然会给你意想不到的美景，也会俏皮地给你开一点小玩笑。和她约会时，能否上网刷微博、看朋友圈并不重要，能否大吃大喝也不重要，能否住豪华大床房更不重要；但阳光是必要的，空气是必要的，不太恶劣的天气也是必要的。与大自然相处的最佳法则不是去改造她、用高科技征服她，这是没有任何用的。我们完全可以舍弃城市里的生活习惯，用最原始的生活方式拥抱大自然。同样，回到我们自己身上，在与爱的人相处的时候，也不要用自己认为对的方式去爱对方，你所理解的好未必是对方需要的。爱一个人不是用自己的习惯改变对方的习惯，而是用两个人的习惯磨合成同一种习惯。

经过几个小时的跋涉，我们到达了第一个垭口——玛超山垭口。只要是去藏区的高山，无论是坐车还是徒步，都常常会听到“垭口”这个词，垭口就是两山之间呈马鞍状的较低部位，从垭口翻山是最省时省力的方式。这里到处是风马旗和玛尼堆，极目远眺，逶迤的群山尽收眼底，云海萦绕其间。垭口的风特别大，我们拿出带来的隆达，撒向天空，五彩的隆达在天上散去，把我们对家人的祝福随风一起飘向远方。藏族的隆达上面印有经文，通过在山上的风口抛撒于空中，如同风在诵经一样，也是一种祈福的方式。

嘎朵觉吾的主峰在徒步中渐渐映入眼帘，与其他雪山不同的是，主峰在崇山峻岭之中危峰兀立，陡峭险峻。山顶很难落住雪，大部分的积雪只能落在岩壁下面的山坡上，整座主峰像一把利剑从雪地中破冰而出，直插云霄。嘎朵觉吾的海拔在藏传佛教的四大神山中并不算高，只有 5470 米，但剑锋般的山顶让每个登山者都望而却步，至今尚未有人登顶。我们在主峰面前走了几个小时，神山在远处始终可以看见但又不知道离我们有多远，这种可望而不可即的感觉一点都不让人心急，相反你会觉得神山在用他的目光默默凝望着我们，保佑着每个来这里转山的人。

转山途中我们遇到了很多的路口，都得停下来依据向导的指示选择最合适的道路。生活也有很多条路，从生下来的那一刻起，我们一直都在寻找人生的出路。究竟什么样的路好走，什么样的路精彩，什么样的路坎坷，没人能给我们答案，唯有自己在不断地前行中才知道自己适合走什么样的道路。有人说，人这辈子的路不就是出生、读书、工作、生子，最后老去吗？这的确是大多数人所走的路，但是谁又规定这是人人必须走的路呢？如果你在音乐上天资聪明，可能未来的路就属于舞台；如果你是一个读书没有天赋的人，那么你完全可以尝试创业，在生意场上搏出一番天地；如果你是一个追求自由的人，那么毕业后你可能不会在职场按部就班，而是用你的一技之长成为一名自由职业者。正因为每一个岔路口都有不同的路供我们选择，世界才会有形形色色的人，才会如此多彩。不必人云亦云地在一条路上堵死，遇到走不通的路便迂回转道，遇到险峻的路要小心翼翼，遇到平稳的大道就快步流星，依从内心勇敢前行，总会走出属于自己的世界。

可能是受到了神山的庇护，我们在黄昏时分顺利抵达营地，扎好帐篷，随便吃了点东西就各自睡下了，之前还想在露营时围着篝火聊天、做游戏，事实上每个人都没那份精力了，非

常疲倦，早点睡觉，为明天的行程养精蓄锐。

第二天一大早，我还在睡梦中，阿强的声音把我吵醒了，“下雪了！下雪了！快来看呀！”我连外裤都来不及穿，披了一件外套就赶紧拉开帐篷出去看雪景，只见营地周围一片银装素裹，山峰被披上了一层白色的铠甲，砂石也偷偷躲藏在了积雪下面，偶尔还可以看见几片雪花飘在空中。我们一个个都很兴奋，像是没有见过雪的孩子，这不就是嘎朵觉吾神山送给我们的惊喜吗？能同时见到晴空万里和冰封雪冻两种不同的景色，也算是此行没有遗憾了。但兴奋过后，我们也略微有些担心，积雪的山路比平常的路更难行走，你根本看不到积雪下面是什么。诚然，好事不能总让我们都占尽，有美景就要承担享受美景所必须付出的代价，我们开始了一段步履艰难的“渡雪”之行。脚踩在积雪里，厚的雪会加大行走的阻力，薄的雪容易踩滑，只能小心翼翼地往前行走。积雪拖延了我们的步行速度，但也加速了我们的视觉冲击力。我不经意回头一看，白雪大地被我们走出了一条美丽的曲线。

又徒步了几个小时，向导说我们就快到亚麻盖朗垭口了。据说，只要经过这个山口的人，就能消除或减轻自己去世后因此生罪孽导致的恐惧感。站在4780米的垭口，张开双臂感受着大风呼啸而过，群山重叠，白雪皑皑，山巅就在自己的脚下，云朵似乎伸手可及，真是“会当凌绝顶，一览众山小”。开阔的视野打开了我所有的心结，伫立在万山之巅就像翱翔在天堂之上。

此后开始了一段非常陡峭的下坡路，由于积雪覆盖在碎石上，路早已被埋没，只能凭着感觉走。倾斜的坡度，让人随时可能从山坡上滚下去，我们只能半蹲着重心朝后，侧着身子一步一步往下走。上山容易下山难形容这里都不行，应该是上山难，下山难上加难。本来不长的路程却走了相当长的时间，但最后我们都安全地回到了酒店。这次下山也让我明白，当你就要离开“困难区”回到“舒适区”的时候，心急是没有用的，有可能适得其反，滚下山崖。但只要你慢慢稳稳地朝终点走去，就不容易发生意外。人总爱在最后一刻放松警惕，真正的安全其实是过了最后一刻，而不是在最后一刻。以后每当我坚持不下去的时候，我就会想起这次转山，咬咬牙坚持把事情做完，做到有始有终。

对生活在城市里又没有户外经验的人来说，一个人转山几乎是不可能的事。但你可以找一群人一起将不可能变为可能。我十分感谢和我同行的伙伴们，我忘不了在艰难行走的时候，队友们时不时地回头一看；我忘不了在走到狭窄路口时，小洲伸过来的一只手；我还忘不了在大家睡觉露营时，阿明一个个检查帐篷里有没有人；我更忘不了在天寒地冻的时候，伙伴们仍旧乐观地开着玩笑，用笑声化解疲惫和艰辛。我们每个人怀着不同的目的来到嘎朵觉吾，有人是想锻炼意志、挑战自己，有人是为了走遍藏传佛教的四大神山，有人是刚离职出来散心，有人是户外徒步的狂热爱好者……转山将我们聚集在一起，又在结束后各奔东西，只留下了一段段难忘的回忆。人与人之间最美的相遇，莫过于一群人在一起做一件有意义的事。

渡河、爬石坡、登垭口、翻雪山……没有一个是轻松的，为什么我们还要去呢？为什么这么多藏民都要不辞辛苦，甚至冒着危险转山呢？每个虔诚的信徒都相信围绕神山转上一圈，可以在轮回中减轻罪孽，甚至摆脱六道轮回之苦。他们转的是信仰，而我们转的是心灵。在圣洁的神山间，呼吸着没有雾霾的空气，享受着最接近天堂的阳光，触摸着草地、泥土、石头、雪地，整个大自然就是一个天然的净化器，让来这里的每一个人褪去浮华，洗涤本心。如果有人问我，转山到底是什么感觉？我想，就是用脚步去丈量内心，重新找回真实的你。

称多词典

〔嘎朵觉吾山〕

嘎朵觉吾位于世界屋脊青藏高原、三江源自然保护区玉树藏族自治州称多县境内，它以独特的自然景观、浓郁的佛教色彩和富有渊源的历史古韵，蜚声雪域，享誉八方，与峨眉山、普陀山、五台山、鸡足山等名山相提并论，与西藏岗仁波切、云南梅里雪山、青海阿尼玛卿山并称为藏传佛教四大神山。

整个觉吾山，以“奇、高、陡”而著称。从“奇”而言，其主峰终年积雪、千古未化，即使在十分酷热的夏天，也未曾发觉到有丝毫融化的迹象，它那银白色的盛装，成为嘎朵觉吾纯洁和神圣的永恒象征。以“高”而言，迄今为止，未曾有一人登上主峰的最高顶端，这或许与当地信教群众的信仰有关，怕凡夫俗子玷污了“觉悟夏嘎”的纯净和尊严，所以只能极目瞻仰其风采，但其海拔之高是主要因素之一。从“陡”而言，转游“嘎朵觉吾”以路途远近分许多途径，常规的有三个转经途径，其中“内转经”即主峰的转游，以陡著称，此途中有个别之处，连大声呼吸和互相招呼也需要小心谨慎，因这些地段有由于声音的振动而引发雪崩的传说。

嘎朵觉吾独特的自然奇观和亮丽的资源风光，给朝拜者留下了许多难以忘怀的回忆和许多美丽的遐想，其中那雪山、江河、树林、野生动物、蓝天、白云等融为一体的，显示高原特色的自然景观，构成康区最具有魅力的一道风景线，此处才可真正领悟到“天人合一”的独特感触，同时也可以使人的心灵得到一次洗礼和升华，藏族人那豪迈善良的性格，淳朴热情的民风和灿烂辉煌的佛教文化，都会使人流连忘返。

慈悲山河

⊙ 谈论玉树是困难的，尤其是玉树的称多。这不仅仅是因为其地域的博大，绚烂浓烈的民族文化，或者是其位于三江源的特殊结构，事实上它们都互为一个整体，作为局外人的我，即便是一次次在它的深处最真诚地探寻，也是徒劳；因为即便是目睹了它的某个片段，也永远无法了解它的整体，这是我必须要坦然接受的宿命。

毫无疑问，我和玉树，我和称多是有缘的，这种神秘性的连接是佛祖对我的恩爱，是对我生命的最好犒赏。因此，我愿用我的浮光掠影来描述我心中的称多，用一个汉人的视觉。我的视觉的有限性和生命的短暂性，决定了我只能是微不足道的过客，但每每想到我的生命曾在华夏大地江河源头温暖的阳光下得到佛的护佑，我就心满意足了。

2017 年之前，我甚至不知道称多的存在。尽管在玉树大地震的那年我曾经写过一首诗，叫作《玉树临风》，事实上我还不曾踏上过那片土地。尽管我无数次地去过不同的藏地。有幸于2017年的拉司通峰会的邀请，我得以深入称多的内部，陌生中的熟悉，我竟没有丝毫的违和感，我确定我一定来过这里，后来接踵而至的事情不断佐证了这一切，我完全相信我和称多的缘，正是这种缘促使我花了不少精力考察了解称多的山水原生态文化，奠定了诚意写下这些片段的勇气。

烈马、藏香、经幡、青稞酒、雪山、草原，永远是藏地独有的意象，但称多还有奔涌的大河，而且是华夏文明起点之源——长江、黄河、澜沧江的起点，这个高度注定了称多康巴藏人的眼界和阅历，正因如此，他们对人与自然的关系才最有发言权。在称多不只是风景，在一连串的硕大地理景观的背后，隐藏的是格萨尔王般的跌宕起伏的人文诉说，如同静止的山脉，不动声色，在你到来之前。但是，它却对一切都了如指掌，正是这种不确定性，构成了称多的魅力。

在称多，在阳光的照耀下，随着缕缕拂面的清风，我时常忘记自己的来路和将要到达的地方，分明看到一朵朵盛开的巨大的蓝莲花；我相信这是佛的旨意，让我在此与它相逢，聆听它在风中的絮语，这种无与伦比的幸福确定了我与称多的难解之缘。

称多的阳光似乎能让我找到消逝的青春。这里的一切都是舒缓而安静的，时间在这里没有任何的痕迹，孩童天真的笑脸和老人祥和的双目都一律可以自如转换，这让我知道我和他们不是处于同一时间的维度，每一个静怡的村落随时都在用甜美的奶茶、温暖的火塘等着我们的到来，时间越久，这种对称多的记忆就越加清晰，也正因如此我能听懂八思巴在称多万人聚会时吟诵的经声，尽管我们使用的不是同一种语言，但是这种来自生命内部的回声，早已穿越了时间的限制，镌刻在江河大地，因而能让我们找到永葆青春的秘密。

能出其不意地遇见彩虹，在称多已经是一种常态；这或许是佛的恩典。对于平凡的人生来说，这是最好的抚慰，那些温润的拱形彩带或在嘉塘草原的深处腾空而起，或在雪山的映衬下一闪而过，有时却安静地悬挂在村庄之上。彩虹明确无误地宣告了佛的存在，尽管我们绝大多数人的日子都是贫庸的，可是庸常的日常生活才真正证明了神的存在的重要性，所有的传奇都是对平凡生活的消解，它让我们相信凡眼所见之外的另一个世界、另一种生活、另一种秩序。那是一种永恒的存在，也是这种永恒，让我们深深地感受平凡寂静的生活恰好最为真实丰富。

如果你问任何一个称多康巴藏人，为什么喜欢唱歌和跳舞，你

可能永远没有答案。执迷不悟的歌舞就是日常生活的部分，是神赋予的语言，是与自然对话的路径，是真正内心幸福的流露，因而不需要任何程式化的表达，全然不同于任何舞台上的演出，也只有健硕的生命在这江河雪山之上才配得上这样的歌声和舞蹈。这种饱满的生命力因为歌舞的存在而富饶充实，也使得日常繁重的劳作显得不再疲累。

这种无处不在的幸福感，让我重温了大地久违的芬芳，鼓励我由衷地赞美劳作的美好。耕地、播种、放牧、收获、挤奶、盖房、祭祀、礼佛甚至死亡，他们的歌舞早已经与生活合二为一，日常的生活就是他们每天的彩排，他们的每一寸肌肤已经在漫长的劳作岁月里与他们的歌舞协调一致，优雅舒展，或者孔武有力。

我至今都心怀感激地忆起嘎朵觉吾，我无力分清在那里经历的一切究竟是在天国或是凡尘，我无数次把自己遗失在梦里就是为了与她的相遇。我很庆幸我能与她的相遇。我更愿意相信她的存在是神灵存在的凭据，尽管嘎朵觉吾的转山并不是一趟随心所欲的轻松旅行，一日四季的变换更像是佛在世间的具体存在。

嘎朵觉吾有自己的规则，自己的秩序。在我毫无防备地目睹她的第一眼，我就知道，她，嘎朵觉吾是我的宿命。这样的说法似乎有点玄乎其玄，但我们应该确信我们生命之中一些最为本质的东西。鸟儿飞过的天空，从来就不是没有痕迹，人生每一次看似没有关联的选择，在未来的人生道路上都会将它们一一的串起。

佛度有情人。读懂称多就能读懂康巴人的情怀，尽管称多把自己隐藏在空气稀薄人烟稀少的高原皱褶之中，但是康巴人都会对称多的一切了如指掌，把前往称多嘎朵觉吾转山作为自己一生的使命。称多，嘎朵觉吾，这个虔诚的康巴藏人一生的觉悟之地，这种荣耀在公元 1265 年八思巴于此讲经灌顶时就已确定；至此这个地方的各种文化形态，开启对安多、卫藏的牢固焊接，彼此相互融合，彼此都无法拒绝对方的存在，也相互成就着对方，终于演变为今日闪耀在雪域高原的康巴文化。这个看似偶然的选择，其实是今天的藏族先民对历史和个体命运的必然认识。

八思巴大师选择在称多讲经灌顶，康巴人的母亲河发源于称多，藏传佛教的四大体系都能完整地在称多发育成长，嘎朵觉吾屹立于称多，这无数的传奇都是偶然吗？显然不是。一条河、一座山、一座文化的形态都可能是神话，而这些神话构成了称多活着的史诗，而这些史诗构建了称多藏人的灵魂。因此，在称多不用打听，也无须熟人亲缘的指引，你都会不经意间看到一座座寺院，那些寺院如同家园般温馨，等待你走进它绛红色的深处。

现在，嘎朵觉悟终于定名标准的汉字译名为嘎朵觉吾，可是在我的内心深处依然愿意亲切地称呼她为嘎朵觉悟；因为只要你踏上称多这片神奇壮美的大地，你就会自然而然地开始觉悟，心生悲悯，心生慈悲，拥有傲视时间的力量，一切人心深处的爱和善开始悄然复活。这是片慈悲的大地、慈悲的山河，生活在这片土地上的康巴藏人拥有世间最为慈悲的心。这种觉悟慈悲，构建了华夏文明善的谱系，成为中华民族从善如流的基因，任何时候都值得我们回望，值得我们尊崇。这种觉悟文化构建的慈悲善良所孕育的通天河畔称多大地特有的低消耗敬人敬天的生态模式，对当下的生态文明建设提供了一个可以借鉴的范本。这个话题，我会在另一本关于称多生态文明建设的书《称多生态文明启示录》中详细描述。

我庆幸与称多的相遇，更庆幸与称多的重逢。朋友，当你在繁华的都市遗失自己的内心之时，去三江之源的称多走走吧，去开启你的觉悟之旅。我在称多等你。

称多词典

〔嘎域称多〕

称多县是青海省玉树藏族自治州辖县之一。地处青藏高原以东，省境西南部，州域东北部，毗邻果洛，东接四川。平均海拔 4500 米，高寒缺氧，年均气温 — 4.9℃，属中国最大的自然保护区——三江源自然保护区核心区。

称多县有着悠久的历史，古为羌地，魏晋南北朝时属苏毗国。唐为吐蕃辖地。元属“朵甘”地域，隶吐蕃等路宣慰使司。明属朵甘思宣慰使司。明清属和硕特蒙古政权辖地，后归钦差总理青海蒙古蕃子事务大臣衙门管理。民国初隶青海办事长官和西宁镇总兵，旋改隶蒙蕃宣慰使和甘边宁海镇守使，岁月卷着时代的浪花，纷扰了一程又一程，古老沧桑的称多高踞世界屋脊，见证着历史的变迁。

称多旅游资源富集，自然景观独特，历史文化厚重，民族特色浓郁，是“大美青海、天上玉树”的重要组成部分，具有“歌舞之乡”“马术之乡”“中国民间艺术之乡”“民俗古村落之乡”等美称，也是藏区名山、江源湖泊、雪山草原、古村聚落、民俗风情等多元景观和文化形态集中的一个美丽的地方。

跋

离别是为了更好地到达。

在《称多大地》几经周折、即将出版之际，许多与称多相逢的往事又依稀浮现在我的眼前，那段刻骨铭心的觉悟之旅，那些旷世画卷般的山河美景，那段念念不忘的转山之路，从某种意义上说，重新塑造了一个全新的自我。这本书的撰写看似巧合，但又偏偏是命中注定的，我的两个儿子言言信信刚好与嘎朵觉吾神山的本尊一样，生肖都是属羊，这种奇妙的机缘或许是上天早已安排好了的，他们与神山的缘分，也是我写这本书的动力之一。

2017 年，我有幸受邀参加了中国民族传统村落三江源（拉司通）峰会，结识了许多为保护和发展古村落及其文化的社会各界友人。此行，我跟着考察队游历了称多各地，这注定不是一次平凡的旅行，壮美的风景与不朽的文明，深深地烙在我的心里，成为我一生中不可磨灭的印记。在这慈悲、谦逊、宽厚的土地上，有太多太多善良的人，有无数的真情与感动。我无法用言语表达，唯有感恩。

感谢青海省称多县委书记尼玛才仁的远见卓识，他以召开峰会的方式让外界了解称多，感悟称多。称多是神州大地上一块为数不多的净土，未被过多开发，也尚未有太多游客踏足。尼玛才仁书记希望称多能以她原始的风情风貌和独具特色的原生态藏文化向世人敞开怀抱，他的这种发展与保护三江源地区传统文化的精神不只是难能可贵的，更为中国民族文化多样性的保护与传承提供了一个范例。本书便是在他的积极倡导下、在称多县委县政府的积极帮助与支持下得以成型，因为他们的远见卓识，以及对本民族文化的保护与尊重，在他们身上我看到新一代的藏人更加开阔的文化视野与格局。由此，我们有理由相信称多的未来会更美好，康藏大地的未来会更加绚烂。

感谢称多县宣传部长松拉卓玛和称多县广电文化局长曲塔，他们为本书提供了许多具体的事务性的帮助和指导。在本书缺少图片与素材的时候，他们如雪中送炭一般，为本书提供了非常多精美而宝贵的图片。没有他们的帮助，称多的种种美好可能就只存在于我的记忆之中了。

感谢中科院院士、北大前校长许智宏，在帮助推动玉树及整个三江源地区的文化保护上，他一直贡献着自己的那份力量，也为本书提出了很多中肯的建议，让这本书的内容越来越好。

感谢玉树州文联主席阿夏彭措达哇和玉树州博物馆馆长尼玛江才，给予了我有关康藏地区文史知识的具体指导，他们的学术素养让我对康巴藏人有了较为完整和系统的认识与理解。

感谢称多县政府副县长丹正才仁、称多县扎多镇镇长才文仁青、称多县文明办主任巴久达杰，他们在考察的途中一直陪同着我，对我照顾有加，并在一些藏族传统文化知识上为我指点迷津，让我更深层次地了解当地民俗风情。有了他们的同行，我的称多考察少了走马观花式的旅游，多了精神与体魄相结合的文化心灵之旅。

感谢中国民族建筑研究会藏式建筑专业委员会秘书长索南周扎的邀请，他对藏族文化的深刻理解，让我与玉树、称多结下了深深的缘。

感谢称多的几大活佛为我进行加持，例如伊哇寺的吾金久美成林活佛、先宗寺的噶玛南达活佛。称多考察的完美结束与转山途中的化险为夷，以及本书的顺利撰写，也是得益于他们的加持保佑与虔诚的祝福。

感谢那些曾经在称多考察中与我同行的朋友，在嘎朵觉吾一起转山的藏族同胞兄弟们，我们一起踏过风雨、穿越高山河流、经历难忘的称多之行。“来我家吃饭吗？”“别冻着”这些热情而真诚的话语让我这次的高原考察勇气倍增。你们就像是我在称多的家人，无时无刻不在帮助着我，带给我无限的温暖与慰藉，再次感谢你们给我带来那些珍贵的回忆与关怀。

感谢秋雨先生的序言，他的鼓舞让我对中国传统民族文化的保护与弘扬更加坚定了信念。我想，秋雨先生也和我的想法一样，都希望称多的特色文化得以传承下去，为守护原生态文化而献上自己的一份绵薄之力。

感谢挚友中国书法研究院院长管峻先生为本书题写书名，以及中国翡翠艺术家王俊懿先生为本书的书签设计提供精美的配图。

感谢贵州光阴故事文化传播有限公司的陶锦女士和团队成

员，本书的排版、校稿、宣传都离不开他们的鼎力支持与帮助。把书稿从平面形式完善为立体的精致图书形式，无不浸透着他们的心血。《称多大地》的成功推出，是大家共同努力的结果。在此，一并致谢！

能为称多撰写此书，我非常荣幸。通过《称多大地》，能让更多的人知道、了解称多古村落及其通天河流域的璀璨文化，这是一件非常有意义的事。我愿将称多最美好的回忆，对时间的记录，对文化的感悟，以及珍藏在我心中的旅行故事，与读者们分享，共同感受雪域高原上无限魅力的称多人文与慈悲山河。当你读过这本书时，我希望你会因为一张图、一段文字有去旅行的冲动，真正给自己一场心灵之旅。所言不多，以为跋。

喻 帆

2018 年 4 月

转山、转心、正见

“宝宝佛”创始人、中国翡翠艺术家　王俊懿

图书在版编目（CIP）数据

称多大地 / 喻帆，墨小行著．——西安：陕西人民出版社，2018

ISBN 978-7-224-12824-6

I．①称…II．①喻…②墨…III．①称多县—概况 IV．① K924．44

中国版本图书馆 CIP 数据核字（2018）第 155399 号

称多大地

作　　者：　喻　帆　墨小行

责任编辑：　关　宁
策　　划：　陶　锦
统　　筹：　思　苇
文　　案：　阿　秋
设　　计：　光阴故事 Time Story

书名题词：　管　峻
书签图源：　王俊懿
图片提供：　称多县文广局　江永土登　等

出版发行：　陕西新华出版传媒集团　陕西人民出版社
印　　刷：　陕西金和印务有限公司
开　　本：　1/32
字　　数：　10.3 万字
印　　张：　6
版　　次：　2018 年 9 月第 1 版
印　　次：　2018 年 9 月第 1 次印刷
书　　号：　978-7-224-12824-6
定　　价：　39.00 元